AF287649

Der neue Reptilien-Ratgeber:

Leopardgeckos

Basic-Edition

Coverfoto groß und Foto auf Seite 3: Dirk Glebe
Coverfoto klein: Manuel Tschopp
Großes Foto auf der 4. Umschlagseite: Maik Grabmeier
Kleines Foto auf der 4. Umschlagseite: Alina Eich
Foto auf Seite 4: Björn Schnieder

Bibliografische Information der Deutschen Nationalbibliothek

Die Deutsche Nationalbibliothek verzeichnet diese Publikation in der Deutschen Nationalbibliografie, detaillierte bibliografische Daten sind im Internet über http://dnb.d-nb.de abrufbar

1. Auflage Januar 2012

Haftungsausschluss

Alle Angaben in diesem Buch wurden sorgfältig recherchiert, sie erheben aber keinen Anspruch auf Vollständigkeit oder frei von Fehlern zu sein. Die aufgeführten Inhalte dienen der allgemeinen Information, im Einzelfall sind sie keineswegs geeignet, auf eine individuelle Beratung oder einen Tierarztbesuch zu verzichten. Insbesondere können weder Autor noch Herausgeber oder Verlag eine Haftung für Schäden oder Verluste übernehmen, die dem Leser dadurch entstehen könnten, dass er ausschließlich auf eine Information vertraut, die er diesem Buch entnimmt.

Herstellung und Verlag: Books on Demand GmbH, Norderstedt

ISBN: 978-3839199954

A

So ist der Leopardgecko
Sinne, Anatomie, Geschlechtsunterschiede,
Systematik, Artenbestimmung der Gattung Eublepharis.

ab Seite 6

B

Verbreitung und Lebensraum
Wo kommen Leo`s her und wie leben sie in der Natur.

ab Seite 16

C

Verhalten
Lebensrhythmus, Schwanzabwurf, Thermoregulation,
Häutung, Schlafen.

ab Seite 18

D

Die Pflege
Anschaffung, Auswahl und Eingewöhnung,
Quarantäne und allgemeiner Umgang.

ab Seite 26

E

Das Terrarium
Standort, Material, Größe, Beleuchtung, Heizung
und Einrichtung.

ab Seite 34

F

Die richtige Ernährung
Futtertiere, Wasser, Vitamine und Mineralstoffe
Ernährung der Futtertiere.

ab Seite 46

G

Winterruhe
In der Natur obligatorisch, im Terrarium auch angebracht.

ab Seite 52

inhalt

A

Vorwort

Foto: Dirk Glebe

Eines meiner Zuchtmännchen in seinem naturnah eingerichteten Terrarium

vor allem über meine eigenen Erfahrungen und auch die anderer Halter, die sich seit Jahren mit dem Eublepharis macularius, der am meisten gehaltenen Leo-Art, beschäftigen. In diesem Zusammenhang danke ich allen Beteiligten, die durch ihre Berichte und Fotos zum Entstehen dieses Buches beigetragen haben.

Auf den folgenden Seiten werde ich Ihnen alles Wichtige zum Leopardgecko und dessen Haltung in Gefangenschaft leicht verständlich erklären.Dabei verzichte ich in dieser Basic-Edition auf Sonderthemen wie Zucht, Krankheiten und Bauanleitungen, denn das vorliegende Buch wendet sich vor allem an Anfänger, die sich kostengünstig über die allgemeine Haltung informieren möchten, ohne bereits eigene Zuchtinteressen zu haben.

Liebe Leserin, lieber Leser,

Leopardgeckos gehören zu den beliebtesten Reptilien, die in Terrarien gehalten werden und sind praktisch weltweit bei Terrarianern verbreitet. Inzwischen kommt es kaum noch zu Wildfängen, da der Bedarf praktisch ausschließlich über die vielen Nachzuchten gedeckt werden kann. Hier zeigt sich der besondere Vorteil der relativ leichten Vermehrbarkeit dieser ausgesprochen interessanten Echsen.

In diesem Buch werde ich versuchen, Ihnen die artgerechte Haltung von Leopardgeckos nahe zu bringen. Dabei informiere ich Sie

Die Reptilienhaltung ist von verschiedensten Erfahrungen geprägt, so dass es bei vielen Themen keinen „Kardinalweg" gibt. Was bei dem einen Halter wunderbar funktioniert, klappt woanders nicht. Ich habe daher auf aussergewöhnliche Haltungsberichte verzichtet und halte mich an das, was von den meisten Leo-Haltern berichtet wird. Dieses Buch soll Ihnen als Anleitung dienen - später machen Sie Ihre eigenen Erfahrungen und können ggfs. den einen oder anderen Tipp daran anpassen. Über Anregungen für die nächste Auflage würde ich mich freuen und erwarte gerne Ihre Mails.

Dirk Glebe
dirk.glebe@reptibooks.de

4

Gedanken vor dem Kauf

Bevor Sie sich Leopardgeckos -oder Tiere ganz allgemein- anschaffen, sollten Sie sich über einige grundsätzliche Überlegungen im Klaren sein:

- **Keine Spontankäufe**, denn nichts ist schlimmer als einen Kauf zu bereuen und dann nicht zu wissen, was mit den Tieren und den angeschafften Gegenständen passieren soll. Schlafen Sie eine oder besser mehrere Nächte über Ihren Wunsch, sich Leo`s anzuschaffen. Ist dieser dann immer noch gegeben, informieren Sie sich ausführlich.
- **Generelle Vorüberlegungen** helfen, Probleme zu vermeiden. Checken Sie, wo es am preiswertesten Terrarien und Zubehör gibt. Wo ist der nächste Futterlieferant (Reptilienladen) und wie weit ist ein Reptilien kundiger Tierarzt entfernt? Ist der Vermieter mit der Reptilienhaltung einverstanden und was sagen die eigenen Mitbewohner? Wo soll das Terrarium stehen und benötigen Sie vielleicht später noch mehr Platz, weil Sie Leo`s züchten möchten?
- Eine perfekte **Vorbereitung des Terrariums** ist der beste Garant für einen optimalen Start. Legen Sie fest, wie groß Ihr Terra sein muss, ob Sie es selbst bauen oder ein fertiges kaufen möchten. Sorgen Sie für eine artgerechte Gestaltung und die nötige Technik. Ein Probelauf von mindestens einer Woche ist nötig, damit Sie Temperaturen und Luftfeuchtigkeit feststellen und ggfs. ändern können. In dieser Zeit sollten sich noch keine Geckos im Terrarium befinden.
- Leopardgeckos fressen **lebende Insekten**. Können Sie mit diesen Futtertieren umgehen? Sind Sie bereit, auch

mal das Zierpen von Grillen und Heimchen hinzunehmen und wo bekommen Sie überhaupt qualitativ hochwertige Futtertiere? Wollen Sie diese evtl. sogar selbst züchten und wenn ja - haben Sie den nötigen Platz dafür?
- Wer kümmert sich im **Urlaub** um Tiere und Terrarium? Gibt es überhaupt jemanden, der diese Verantwortung übernehmen will und bereit ist, lebende Insekten zu verfüttern und täglich Kotreste zu entfernen?
- Leopardgeckos gibt es i. d. R. nicht gratis. Doch selbst wenn Sie eine Gruppe geschenkt bekommen, werden weitere einmalige und laufende **Kosten** auf Sie zukommen: Terrarium, Einrichtung, Technik, Strom- und Futterkosten. Auch Kotproben müssen ab und zu untersucht werden und evtl. müssen die Tiere auch mal zum Tierarzt.
- Wo gibt es fachkundige Menschen, die Ihnen bei **Problemen oder Fragen** helfen können? Ist Ihr Züchter bereit dazu? Gibt es Terrarienvereine am Ort oder in der Umgebung?

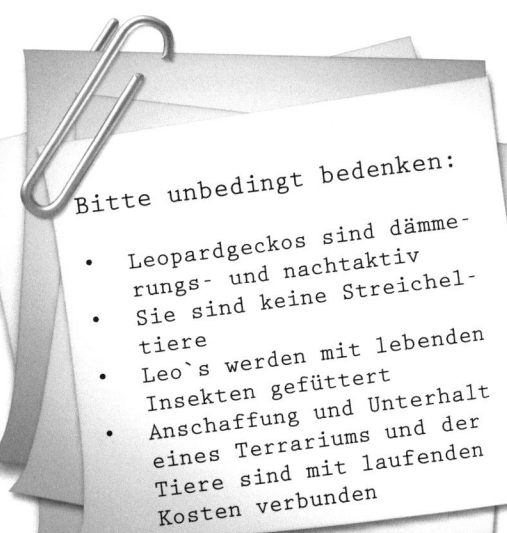

Bitte unbedingt bedenken:

- Leopardgeckos sind dämmerungs- und nachtaktiv
- Sie sind keine Streicheltiere
- Leo`s werden mit lebenden Insekten gefüttert
- Anschaffung und Unterhalt eines Terrariums und der Tiere sind mit laufenden Kosten verbunden

A

So ist der Leopardgecko

Er wird oft als *völlig anspruchsloses* Anfängertier beschrieben, ideal für Neulinge in der Reptilienhaltung.

So ist das nicht ganz richtig. Der Leopardgecko hat *sehr wohl* Ansprüche an die Größe und Ausgestaltung seines Lebensraumes, an Beleuchtung, Temperatur und Luftfeuchtigkeit sowie seine Ernährung.

Allerdings sind diese Ansprüche mit relativ einfachen Mitteln zu erfüllen, so dass er tatsächlich gut geeignet ist (auch) für unerfahrene Terrarianer.

So ist der Leopardgecko

Der Leopardgecko (Eublepharis macularius) ist eine kräftige, relativ klein bleibende Echse, die ihren natürlichen Ursprung im südwestlichen Asien hat. Als Haustier ist sie aufgrund ihrer Vielzahl von Farbvarianten, dem interessanten Verhalten und den für Reptilien *relativ* anspruchslosen Haltungsbedingungen sehr beliebt. E. macularius kommt ursprünglich vor allem in Pakistan, Afghanistan und Indien vor.

Leopardgeckos sind extrem neugierig

Adulte männliche Leopardgeckos werden im Normalfall ca. 19 bis 27 cm lang (KRL 11-16 cm), die ausgewachsenen Weibchen bleiben mit 17-22 cm (KRL 10-13 cm) etwas kleiner. Wenn sie aus dem Ei schlüpfen, sind sie ca. 7-9 cm lang und damit, gemessen an der Eigröße, schon erstaunlich groß. Diese Echsenart ist ungiftig und hat keinen Schutzstatus, d. h. sie darf ohne Genehmigung einer Behörde gehalten werden. Leopardgeckos sind dämmerungsaktiv, sie kommen meist erst in den Abendstunden aus ihrem Versteck heraus und gehen auf Entdeckungstour und Beutejagd.

Sie lieben es, in engen Spalten zu liegen

Sie klettern gerne auf Rinden, Ästen und Felsvorsprüngen. In der Natur ernähren sich die Leopardgeckos, je nach Herkunft und Größe, von den unterschiedlichsten Beutetieren. Zum Beutespektrum gehören Insekten, wie z. B. die sehr verbreiteten Heimchen und Grillen, aber auch Heuschrecken, Larven, kleine Nager (Babymäuse) und sogar andere Echsen. Im Terrarium werden Leopardgeckos mit den unterschiedlichsten Insekten gefüttert. Die Futtertiere sind lebend aber auch getrocknet in Terraristik-Fachgeschäften und gut sortierten Zoogeschäften leicht zu bekommen.

Ihre Verhaltensweisen sind sehr interessant

Foto: Dirk Glebe

Foto: Dirk Glebe

Foto: Christian Zeilberger

Wie sieht er aus, wie orientiert er sich?

Foto: Maren Anders

Ohröffnungen und Augen sind gut zu sehen.

Beschreibung

Kopf

Der Kopf eines Leopardgeckos setzt sich deutlich vom Körper ab, ist relativ kurz und die Schnauze läuft mäßig spitz zu. Ober- und Unterkiefer wirken eher gleichmäßig massiv.

Die Augen sind verhältnismäßig groß und werden oft durch das Schließen der Lider geschützt, damit sie nicht verletzt werden (bei Beißereien, beim Fressen oder Graben). Die Spaltpupille ist bei Lichteinfall eng zusammen gezogen und erweitert sich je dunkler es wird.

Der Körper

Bei einem gesunden, normal ernährten Leopardgecko sollte man weder die Rippen erkennen, noch die Beckenknochen. Der Körperumfang ändert sich nur geringfügig wenn mehr gefüttert wird, der Schwanz ist hier ausschlaggebend und lässt recht gut erkennen, wie gut genährt das Tier ist.

Die Beine

Die Vorderbeine sind in der Regel dünner als die Hinterbeine. Hinten erkennt man schon recht deutlich die Muskeln, während diese bei den Vorderbeinen eher weniger zu sehen sind. Die Beine nehmen gerade vor der Winterruhe etwas an Umfang zu, da die Tiere für diese Zeit etwas Speck ansetzen. Bei unterernährten Leopardgeckos sehen sie dagegen aus wie zerbrechliche Streichhölzer.

Die Füße

Jeder Fuß besitzt fünf dünne Zehen, die jeweils an der Spitze eine Kralle besitzen. Die Krallen helfen dem Leopardgecko zu klettern und sogar senkrechte nur leicht raue Wände zu erklimmen. Möchte man einen Leopardgecko von einer rauen Fläche nehmen, bitte ganz vorsichtig, da die Krallen manchmal wirklich ihren Dienst zu gut tun – besonders auf der menschlichen Kleidung

Foto: Dirk Glebe

Zehen eines Leopardgecko

8

verhaken sie sich hervorragend. Die dünnen Zehen sind gefährdet falls Häutungsreste dort hängen bleiben. Unterbindet die trockene Haut die Durchblutung, stirbt der Zeh schnell ab – also hier unbedingt handeln und die abgestorbene Haut entfernen!

Der Originalschwanz

Der Schwanz dient bei Leopardgeckos dem Speichern von Vorräten für schlechte Zeiten (und/oder die Winterruhe). In der Mitte ist er am dicksten und zum Ende hin wird er immer schmaler. Er besitzt zahlreiche Rillen, jede Rille ist eine „Sollbruchstelle"

Wohl geformter und gut genährter Originalschwanz

Foto: Dirk Glebe

für den Schwanzabwurf. Sie dehnen sich je nach eingelagerten Vorräten mit aus.

Der Regenerat-Schwanz

Ein Regeneratschwanz unterscheidet sich in Länge, Dicke, Form, Zeichnung, Beweglichkeit und Hautbeschaffenheit vom Original. Meist sind Regenerate rübenartig geformt und wachsen stark in die Breite und nicht in die Länge. Die Zeichnung ist großflächiger gepunktet und manchmal undeutlicher, nicht so scharf abgegrenzt. Die Beweglichkeit geht auch weitestgehend verloren, ein

schlängeln des Schwanzes ist nur noch bedingt möglich. Ein Regenerat weist keine

Regenerat-Schwanz

Foto: S. + O. Hallen

Tuberkel mehr auf, die Leopardgeckos normalerweise auch auf dem Schwanz haben.

Axillar- oder Achseltaschen

Direkt hinter dem Ansatz der Vorderbeine ist auf beiden Seiten je eine Axillartasche, also eine Einbuchtung der Haut, zu sehen. Die genaue Funktion dieser Taschen ist noch nicht erforscht, allerdings gehen Vermutungen dahin, dass sie eine Bedeutung hinsichtlich äußerer Parasiten (Ektoparasiten)

Seitenansicht mit gut sichtbarer Axillartasche

Foto: Philipp Rößler

Foto: Dirk Glebe

Naturform des Eublepharis macularius

wie z. B. Milben haben. Es ist denkbar, dass die Konzentration solcher Parasiten auf nur wenige Körperstellen Vorteile bringt.

Zeichnung und Färbung

Die Zeichnung der Tiere gab ihnen den Namen Leopardgecko. Ihre Zeichnung mit den schwarzen Punkten auf gelblichem Grund lassen sie aussehen wie einen Leoparden. Ihre Grundfärbung ist gelb mit manchmal leicht fliederfarbenen Bändern. Über den ganzen Körper verteilt befinden sich schwarze Punkte, auch auf dem Kopf, den Beinen und dem Schwanz.

Ihre Bauchseite, die Innenseite der Füße und unter der Kehle sind sie weiß, nur der Schwanz besitzt auf der Unterseite auch eine Zeichnung, wenn auch nicht so ausgeprägt wie auf der Oberseite.

Eine spontane Farbveränderung ist nicht möglich, außer kurz vor der Häutung, dann werden sie etwas dunkler und blasser, was aber kein echter Farbwechsel, sondern nur eine Trübung ist. Kranke Leopardgeckos erkennt man nicht an der Farbe wie bei Taggeckos, die sich dann dunkel-matschgrün färben. Inzwischen gibt es eine rie-

sige Vielfalt verschiedenster Farbzüchtungen, die mit der Naturform nichts mehr zu tun haben. Informationen hierzu finden Sie weiter hinten im Buch.

Hautbeschaffenheit

Die Haut sieht rau und stachelig aus, da sie viele kleine Tuberkelschuppen (Erhebungen) aufweist. Beim Berühren merkt man aber schnell dass sie ganz weich ist. Die Haut ist so fein dass man die einzelnen Schüppchen nur sehr schwer erkennen kann, man muss schon genau hinsehen. Gegen Verletzungen ist die Haut recht unempfindlich, bei kleineren Streitereien bleiben meist nur kleine Kratzer, die schnell wieder verheilen. Tiefere Wunden entstehen zum Beispiel bei

Foto: Dirk Glebe

Haut eines adulten Leopardgecko

Kämpfen zwischen zwei Männchen, dabei gehen auch gerne mal Körperteile verloren. Auch deshalb dürfen niemals mehrere Böcke gemeinsam in einem Terrarium gehalten werden.

Unterschiede zwischen Jungtier und adulten Leopardgeckos

Jungtiere sehen komplett anders aus als ihre Eltern. Sie besitzen keinerlei Punkte,

sondern ein sehr ausgeprägtes Streifen-
muster. Die Untergrundfarbe ist gelb in
verschiedenen Variationen und darauf liegen meist tiefschwarze Bänder. Zwischen
Kopf und Nacken und zwischen dunklen
Schwanzringen befinden sich weiße Stellen,
die später in der Regel verschwinden. Nach
jeder Häutung verändert sich die Zeichnung, es entstehen immer mehr Punkte,

Kopf-Rumpf-Länge

Schwanzlänge

die Bänder treten in den Hintergrund und
die weißen Flächen färben sich langsam
gelblich. In einem Jahr verändern die Tiere so komplett ihr Aussehen und sind nicht
wieder zu erkennen. Es ist unmöglich bei
einem Jungtier anhand der Zeichnung vo-
rauszusagen wie es später aussehen wird.
Nach diesem ersten Jahr verändert sich die
Zeichnung nur noch geringfügig.

Größe und Gewicht
Die Gesamtlänge beträgt bis zu 29 cm – in
der Regel bleiben die Tiere etwas kleiner,
wirken jedoch durch ihre teilweise massi-
ge Erscheinung größer als sie wirklich sind.
Männchen sind meist deutlich größer und in
der Statur „wuchtiger" als Weibchen. Das
Gewicht adulter Tiere liegt etwa zwischen
40 und 80 Gramm, je nach Größe und Ernährungszustand.

Geschlechtsunterschiede
Weibchen wirken im Allgemeinen ein wenig
zierlicher als die Männchen. Bei ▷graviden

Foto: Martina Baumschabl

Männlicher Leopardgecko mit gut sichtbaren Präanalporen und Hemipenestaschen

(schwangeren) Weibchen kann man gut
die Eier im Bauch erkennen oder an ihrem
Umfang sehen, dass sie Eier in sich tragen.
Ihre Femoralporen sind nur sehr schwach
zu erkennen.
Männchen wirken im Allgemeinen ein wenig bulliger als die Weibchen, der Kopf ist
etwas breiter. Gut zu erkennen sind ihre
Femoralporen, welche als sehr gut sicht-

Foto: Martina Baumschabl

Weiblicher Leopardgecko

11

bare im Winkel angeordnete Linie an der Bauchseite zu sehen ist. Darüber hinaus erkennt man die zwei Hügel der Hemipenes sehr deutlich, weshalb eine Geschlechtsbestimmung bei adulten Tieren kein Problem sein sollte.

Fortbewegung

Ein Leopardgecko läuft meist bedächtig und vorsichtig. Hochbeinig und immer bereit im Laufen inne zu halten, während ein Fuß noch in der Luft schwebt. Wenn es Futter gibt sieht man die Tierchen auch mal schneller laufen, dann aber meist nicht in durchgehender Geschwindigkeit. Auf ein schnelles Sprinten folgt ein kurzer Stop und dann geht es langsam weiter. Klettern können die Tiere hervorragend, aber auch hier sind sie eher vorsichtig und langsam unterwegs. Die Tiere lassen sich gerne von großen Höhen herunterfallen. Sie seilen sich mit ihrem Körper von einem Vorsprung, bis sie nur noch mit den Hinterfüßen grade so am Abgrund hängen und lassen sich dann fallen. Zeitweise sieht es sogar so aus als würde ihnen dieses Verhalten Spaß machen, weil sie sofort wieder hoch laufen und das „Spiel" von vorne los geht.

Normalerweise sieht man Leopardgeckos nicht vom Boden in die Luft springen. Ein solches Verhalten ist in der Natur nicht nötig, denn ihr Futter läuft zumeist auf dem Boden. Im Terrarium wird mitunter von der Pinzette gefüttert. Unsere Tiere bekommen aber ihr Pinzettenfutter nicht vor die Nase gehalten sondern müssen es sich erarbeiten. Hält man das Futtertier so hoch, dass ein gestreckter Leopardgecko nicht herankommt wird er springen - und das gar nicht mal so schlecht. Die Tiere haben eine ziemliche Sprungkraft in den Beinen, was man

ihnen eigentlich kaum zutraut. Selbst das massig wirkende Männchen springt in solchen Situationen wie ein Weltmeister.

Sinne

Sehen

Leopardgeckos gehören zu den Lidgeckos (Eublepharidae) (Gr.: eublepharos = mit schönen Augenlidern), woraus sich ergibt, dass sowohl das untere wie auch das obere Augenlid beweglich sind. Damit heben sie sich von den meisten anderen Geckoarten deutlich ab. Die Augenlider schützen das Leo-Auge vor Verletzungen, die z. B. beim Erlegen größerer Beutetiere auftreten könnten. Das Sehen ist einer der wichtigsten Sinne unserer Leo`s und damit gut ausgeprägt. Selbst bei Dämmerung oder unzureichenden Lichtverhältnissen in Spalten und Höhlen können sie Beutetiere und Feinde noch auf weitere Entfernung entdecken. Die Pupille hat eine für dämmerungs- und nachtaktive Tiere typische Spaltpupille, die sich je nach Lichteinfall verändert - je heller es ist, desto schmaler wird der Spalt. Beim Vertilgen von Futtertieren schließen Leo`s meist die Augen, um sie vor Verletzungen zu schützen.

Schmecken

Das Jacobson-Organ (auch Jacobsonsches Organ oder Vomeronasales Organ, lat. Organon vomeronasale) ist ein Geruchsorgan unserer Geckos, welches auch vielen anderen Lebewesen zueigen ist. Es besteht aus winzigen Einbuchtungen (Durchmesser zwischen 0,2 und 2 Millimeter) auf beiden Seiten der Nasenscheidewand. Diese schlauchartigen Einbuchtungen stehen in Verbindung zum Jacobsonschen Knorpel (Paraseptalknorpel bzw. Cartilago para-

12

So ist der Leopardgecko

Foto: Maren Anders

Leo beobachtet seine Umgebung

septalis). An der Kontaktstelle zum Knorpel befindet sich ein schwellkörperartiges Venengeflecht und Muskelzellen, mit deren Unterstützung Flüssigkeit in die Schläuche gesaugt bzw. wieder herausgedrückt werden kann. Im 18. Jahrhundert von Frederik Ruysch bei Säugetieren entdeckt, wird es seit seiner Wiederentdeckung Anfang des 19. Jahrhunderts durch den Dänen Ludwig Levin Jacobson nach diesem benannt. Die Geruchswahrnehmung mit diesem Organ wird bei Säugern Flehmen genannt. Züngeln heißt das Vorstrecken der Zunge bei Schlangen und vielen Echsen, die dadurch

Geruchsstoffe aufnehmen können, die sie dem Organ präsentieren. So auch bei den Leo`s. Sie nehmen Geruchsstoffe über ihre Zunge war. Daher kommt es auch, dass sie andere Geckos (zur Geschlechtsbestimmung) sowie Gegenstände oder auch die Hand ihres Pflegers „bezüngeln". Die Zunge dient im übrigen auch dazu, Augen und Körper zu reinigen, sowie Beutetiere in das Maul zu befördern.

Fühlen

Leopardgeckos sind in der Lage, jede Art von Erschütterungen wahrzunehmen, da-

Foto: Marco Linardi

Vorsichtiges Fühlen schafft Vertrauen

her sollte das Terrarium auch nicht im Durchgangsbereich der Wohnung oder z. B. neben Lautsprecherboxen platziert sein. Darüber hinaus reagieren sie über ihre Haut auf jede Berührung äußerst sensibel, so dass sie auch in der Dunkelheit Gefahren feststellen können. Ihren Unterschlupf wählen sie meist so, dass sie mit der Rückenhaut noch die Decke ihrer Behausung spüren können - dies vermittelt ihnen ein besonderes Gefühl von Sicherheit vor Fressfeinden.

Foto: Vanessa Langendorf

Olfaktorische Wahrnehmung des Umfeldes

Hören

Es ist noch nicht genau ermittelt, welche Töne Leopardgeckos besonders gut hören können, ältere Erhebungen gehen davon aus, dass dies vor allem tiefere Tonlagen sind. Einige Beobachter beschreiben sogar, dass ihr Hörvermögen temperaturabhängig sei. Fest steht, dass Leos recht gut hören können. Ihre vergleichsweise großen Ohröffnungen liegen seitlich hinter den Augen und sie lassen einen direkten Blick auf das Trommelfell zu. Mit etwas Geduld und bei entsprechenden Lichtverhältnissen ist es sogar möglich, durch das Trommelfell hindurch zu sehen.

Lautäußerungen

Leopardgeckos sind in der Lage, Laute von sich zu geben. Während mitunter Kreischtöne beschrieben werden, habe ich bei meinen Jungtieren vor allem eher fauchende Geräusche wahrnehmen können. Diese geben sie vor allem dann von sich, wenn sie sich in Gefahr sehen. Vermutlich handelt es sich um eine drohende Abwehrreaktion, die sich deshalb vor allem bei Jungtieren zeigt. Adulte Leos neigen kaum dazu, Töne von sich zu geben.

Lebenserwartung

Zum Leopardgecko gibt es auch hier wieder sehr stark abweichende Informationen. Der bekannte Züchter Ron Tremper gibt für eines seiner Tiere ein erreichtes Alter von fast 30 Jahren an. Andere, sehr hohe Angaben, nennen 24-26 Lebensjahre für einen Leopardgecko. Das tatsächliche Lebensalter hängt natürlich von vielen Faktoren ab - fest steht, dass weibliche Tiere, die durch die mehrfache Trächtigkeit deutlich beanspruchter sind, i. d. R. nicht so alt werden wie männliche Leo`s. Insgesamt kann man sagen, dass ein Lebensalter von rund 20 Jahren absolut realistisch ist und bei perfekten Bedingungen sind im Terrarium sicher auch Tiere mit rund 30 Jahren zu pflegen.

Systematik

Systematik	
Klasse	Reptilien (Reptilia)
Ordnung	Schuppenkriechtiere (Squamata)
Unterordnung	Geckoartige (Gekkota)
Familie	Lidgeckos (Eublepharidae)
Gattung	Leopardgeckos (Eublepharis)
Art	Leopardgecko

Systematik (von altgriechisch συστηματικός systēmatikós „geordnet") oder Biosystematik ist ein Fachgebiet der Biologie. Die klassische Systematik beschäftigt sich hauptsächlich mit der Bestimmung und Benennung der Lebewesen (Taxonomie).

Arten und Verbreitung

Die Gattung Eublepharis umfasst heute fünf Arten, mit „Leopardgecko" ist umgangssprachlich aber meistens die Art E. macularius gemeint.

14

Eublepharis angramainyu
Eublepharis angramainyu (Anderson & Leviton, 1966) kommt im Norden Syriens, im Norden des Irak und im Westen des Iran vor. Die Tiere weisen eine braune Fleckenzeichnung auf gelbem bis ockerfarbenem Grund auf, die im Bereich des Kopfes zu Linien verschmelzen können. Im Bereich des Körpers lassen sich drei bis vier dunklere Bänder ausmachen. Die Bereiche zwischen den Bändern sind, wie auch die Bänder selber, braun gefleckt.

Eublepharis fuscus
Eublepharis fuscus (Börner, 1981)
Er unterscheidet sich vor allem durch ein helles, quer verlaufendes Rückenband und flachen Schuppen auf der Kopfoberseite von den anderen Arten. Sein Verbreitungsgebiet ist das westliche Indien (Karnataka, Maharashtra, Madhya Pradesh, Gujarat).

Eublepharis hardwickii
Eublepharis hardwickii (Gray, 1827) kommt an der nordöstlichen Küste von Indien vor. Die Tiere unterscheiden sich in Bezug auf die Zeichnung und ihre Beschuppung deutlich von den anderen Vertretern der Gattung Eublepharis. Die Tiere weisen auf braunem bis dunkelbraunem Grund drei deutlich abgesetzte helle Querbänder auf. Die Zwischenräume sind einfarbig. Die Tiere ähneln in ihrer Jugendfärbung den übrigen Arten. Die ▷dorsalen Tuberkelschuppen von E. hardwickii berühren sich, im Gegensatz zu allen anderen Arten dieser Gattung. Ebenfalls einzigartig innerhalb der Gattung Eublepharis ist die bereits adulte Färbung nach dem Schlüpfen aus dem Ei. Die Tuberkelschuppen sind allgemein flacher als bei den anderen Arten.

Eublepharis macularius
Eublepharis macularius (Blyth, 1854) kommt im Nordwesten Indiens, in großen Teilen Zentralpakistans und im Südosten Afghanistans vor. Beschuppung und Zeichnung ähneln wesentlich den Merkmalen von E. angramainyu, einzig die Kopfzeichnung weist immer einzelne Flecken, niemals Linien auf. E. macularius wird sehr häufig in Gefangenschaft gehalten und ist normalerweise gemeint, wenn man vom Leopardgecko spricht. Außerdem unterscheidet man beim Eublepharis macularius folgende Unterarten welche geringfügige Unterschiede bezüglich der Beschuppung und Zeichnung aufweisen:
- Eublepharis macularius macularius
- Eublepharis macularius afghanicus
- Eublepharis macularius fasciolatus
- Eublepharis macularius fuscus
- Eublepharis macularius montanus
- Eublepharis macularius smithi

Der Unterartstatus ist momentan nur bei Eublepharis macularius afghanicus gesichert. Verschiedene Autoren diskutieren, dass es sich bei den anderen Tieren um Varianten aus den klinalen Randbereichen der Nominatform Eublepharis macularius macularius handelt.

Eublepharis turcmenicus
Eublepharis turcmenicus (Darevsky, 1977) hat sein relativ kleines Verbreitungsgebiet im Süden Turkmenistans im Grenzgebiet zum Iran und zu Afghanistan. Körperbau und Färbung ähneln sehr E. angramainyu, einziges deutlich sichtbares Unterscheidungsmerkmal sind die hier durch mehrere Schuppen getrennten Präanalporen der Männchen.

B

Verbreitung und Lebensraum

Südwest-Asien bildet den Lebensraum aller Arten der Gattung Eublepharis, wobei E. macularius vor allem in Pakistan, Afghanistan und Teilen Indiens vorkommt.

Das natürliche Verbreitungsgebiet ist maßgebend für die klimatischen Bedingungen und somit für den relativ geringen technischen Aufwand, der im Terrarium zu betreiben ist. Selbst die Verwendung des richtigen Bodengrundes ist leicht daran fest zu machen, wie der Leopardgecko in der Natur lebt.

Foto: Fotolia

Felsige Steppengegenden bilden den natürlichen Lebensraum des Eublepharis macularius.

Verbreitung und Lebensraum

Die verschiedenen Eublepharis-Arten kommen zwar alle im südwestlichen Asien vor, bewohnen dort aber relativ deutlich abgegrenzte Areale. Der in diesem Buch vornehmlich behandelte und am häufigsten gehaltene *E. macularius* kommt in erster Line aus einem zusammenhängenden Gebiet, welches sich über Pakistan, Afghanistan und Teilen Indiens erstreckt. E. turcmenicus kommt vor allem in Turkmenistan vor, während E. angramainyu ein Gebiet vom Iran bis hin zur Türkei bewohnt. E. fuscus lebt im Westen Indiens, während der Osten von der Art E. hardwickii bevölkert wird.

Alle Arten leben vorwiegend in Wüsten und Halbwüsten, wo sie halbtrockene bis trockene und zumeist felsige Steppen bewohnen.

Sie sind dämmerungs- und nachtaktiv und daher tagsüber nur selten ausserhalb ihrer Verstecke zu sehen. Während des Tages halten sie sich vor allem in Felsspalten und Erdhöhlen, aber auch z. B. in verlassenen Nagerhöhlen auf. Erst mit dem Einbruch der Dämmerung verlassen sie ihre Bauten und gehen auf Erkundungstouren und Nahrungssuche. Jetzt geht es auf die Jagd nach verschiedensten Insekten, Spinnentieren und sogar kleinen Wirbeltieren. Dabei sind sie immer auf der Hut, nicht selbst einem Beutegreifer zum Opfer zu fallen. In Betracht kommen hier vor allem Vögel, Säugetiere, größere Reptilien aber auch z. B. Skorpione, die ihnen nachstellen.

Foto: Katharina Koch

C

Verhalten

Leopardgeckos verhalten sich territorial. Während sie sich in den riesigen Gebieten ihres natürlichen Lebensraumes aus dem Weg gehen können, ist im Terrarium dieser Tatsache auf andere Weise zu begegnen. So ist es i. d. R. nicht möglich, mehrere adulte Böcke (Männchen) gemeinsam in einem Terrarium zu halten.

Leos zeigen viele interessante Verhaltensweisen, die ihre Haltung im Terrarium so spannend machen. So ist es immer wieder ein Erlebnis, ihre Häutung zu beobachten. Mitunter wird man auch erleben müssen, wie sie in Gefahrensituationen ihren Schwanz abwerfen.

Foto: Kerstin Fischer

Ein Nickerchen in Ehren...
Leo „döst" in der künstlichen Sonne.

Verhalten

Im Terrarium hält man in der Regel eine Gruppe, die aus einem Bock und mehreren Weibchen besteht. Dies ist der Tatsache geschuldet, dass die weiblichen Tiere sich in der Regel gut tolerieren, während ausgewachsene männliche Tiere sich heftig bekämpfen. Begegnen sich zwei Männchen, beginnen sie sofort mit vibrierenden Schwanzbewegungen, strecken ihre Beine durch um größer zu wirken und umkreisen sich dann mit hoch erhobenem Kopf und Körper. Diese Drohgebärden führen in der Natur meist dazu, dass einer der Kontrahenten das Weite sucht - im Terrarium reicht allgemein der Platz dafür nicht aus, so dass recht heftige Kämpfe folgen, die zu schweren Verletzungen führen können und nicht selten mit dem Tod eines der Männchen enden. Es ist also wichtig, zu wissen, welches Geschlecht die eigenen Tiere haben und spätestens mit Einsetzen der Geschlechtsreife männliche Leos zu trennen.

Weibliche Leopardgeckos kommen fast immer gut miteinander aus. Ich selbst habe zu Zuchtzwecken erst vor kurzem ein weibliches Tier zu einer bestehendeden Gruppe gesetzt. Alle Tiere haben sich in kurzer Zeit ausgiebig mit der Zunge olfaktorisch wahrgenommen und sich dann ohne irgendwelche Probleme toleriert. Allerdings sollte man solche Zusammenkünfte genau beobachten - in Ausnahmefällen können auch Weibchen, gerade in bestehenden Gruppen, ein territoriales Verhalten zeigen. Legt sich dies nicht, kann es sinnvoll sein, das Terrarium neu zu strukturieren - auf diese Weise bilden alle Tiere neue Territorien und oft ist ein solches Problem damit behoben. Klappt das nicht, muss das neue Weibchen wieder weichen und getrennt gehalten werden. Oft klappt es aber gut mit der Gruppenerweite-

Gesellige Geckoweibchen

Foto: Maren Anders

rung und schon nach kurzer Zeit kann man sehen, wie die „Damen" gemeinsam in einer Höhle oder einer Felsspalte liegen. Allerdings täuscht der Eindruck, dass sie die gegenseitige Nähe suchen würden. Sie sind sich schlichtweg egal.

Während der geübte Terrarianer adulte Leopardgeckos recht gut einem Geschlecht zuordnen kann, ist es den Leo`s nicht möglich, sich gegenseitig *optisch* zu erkennen. Vielmehr nehmen sie über das Bezüngeln die Duftstoffe der anderen Tiere auf und stellen so deren Geschlecht fest.
Männliche Leopardgeckos hinterlassen zudem im Terrarium (wie auch in freier Natur) Duftmarken, indem sie über ihre Präanalporen Duftstoffe abgeben. Dazu drücken sie ihr Becken auf den Boden und bewegen den Hinterleib hin und her.

Fühlen sich Leopardgeckos bedroht, stellen Sie sich mit durchgestreckten Beinen so hoch wie möglich auf, um größer zu wirken. Sie sind dann sogar zu Lautäußerungen fähig, die sich fauchend und teilweise auch quakend anhören. Führen diese Drohgebärden nicht zur Flucht des Kontrahenten

19

oder Fressfeindes, springen sie in Richtung der vermeindlichen Bedrohung und beißen mitunter sogar zu. Dabei können ihre kräftigen Kiefer durchaus ernsthafte, wenn auch kleine, blutende Wunden hinterlassen. Dies sollten Sie vor allem bei der Fütterung beachten - schnell wird ein einzelner Finger mit einem Beutetier verwechselt und schon hat man einen Geckobiss zu verkraften.

Foto: Dirk Glebe

Abgeworfener Schwanz beginnt mit der Regeneration

Schwanzabwurf

Die sog. „Autotomie" haben Leopardgeckos mit vielen anderen Reptilien gemeinsam. Die Fähigkeit, den eigenen Schwanz abzuwerfen, hilft vor allem bei Angriffen von Fressfeinden. Während diese sich durch den noch mehrere Minuten stark bewegenden Schwanzteil irritiert auf diesen konzentrieren, kann der angegriffene Leopardgecko das Weite suchen und sich in Sicherheit bringen. Zur Autotomie befinden sich an den Schwanzwirbeln mehrere sog. „fracture planes" (Sollbruchstellen), an denen die Abtrennung erfolgen kann. In der Regel muss eine solche Abwurfstelle nicht behandelt werden, da sich die betroffenen

Blutgefäße selbsttätig verschließen und es meist gar nicht zu Blutungen kommt. Der Schwanz wächst innerhalb weniger Wochen nach, kommt als Regenerat aber nicht mehr zu der vorherigen Schönheit zurück. Er bildet sich oft in einer rübenartigen Form neu, verliert seine Zeichnung und ist nicht mehr gewirbelt. In Einzelfällen wurde beobachtet, dass ein solches Regenerat sich gegabelt hat und gleich zwei neue Schwanzspitzen ausbildete. Dies ist aber auf jeden Fall eine Ausnahme. Auch der neu gebildete Schwanz übernimmt wieder die wichtige Fettspeicherfunktion und kann bei Bedarf sogar wieder abgeworfen werden. Im Terrarium kommt diese Autotomie eher selten vor. Ich selbst muste es miterleben, als ein junges Weibchen sich bei der Nahrungsaufnahme offensichtlich versehentlich in den Schwanz einer Mitbewohnerin verbiss und diese ihn abwarf. Das erste Mal beobachtet, war dies für mich schon etwas schockierend - insbesondere der sich noch lange bewegende abgeworfene Schwanzteil irritierte mich zunächst. Nach einigen Wochen war die Stelle völlig regeneriert und stellt für das betroffene Tier auch heute keinerlei Problem mehr dar.

In diesem Zusammenhang ist natürlich dringend davon abzuraten, Leopardgeckos am Schwanz hoch zu nehmen - dies kann sehr leicht zum ungewollten und völlig unnötigen Schwanzabwurf führen.

Mit dem Verlust des Schwanzes geht auch der Verlust seines wichtigen Fettspeichers einher. Betroffene Tiere sollten möglichst seperat gehalten und besonders nahrreich und üppig gefüttert werden. Betroffene weibliche Tiere sollten bis zur Regeneration nicht zur Zucht eingesetzt werden und bei kürzlichem Schwanzverlust sollte das betreffende Tier keine Winterruhe durchführen.

Foto: Melanie Gräfingholt

Leopardgecko nimmt Wärme über einen erhitzten Stein auf

Thermoregulation

Als poikilotherme Tiere sind Leopardgeckos, wie andere Reptilien auch, wechselwarm und somit auf die Einflüsse ihrer Umgebung angewiesen um ihren Stoffwechsel einschließlich der wichtigen Verdauung optimal zu bewerkstelligen. Sie sind nicht in der Lage, die dazu notwendige Wärme selbst zu produzieren. Die durchschnittliche Körpertemperatur beträgt bei Leopardgeckos rund 28 Grad C, wobei festzustellen ist, dass sie abends vergleichsweise höhere Temperaturen bevorzugen als morgens. Es ist davon auszugehen, dass dies der mit der Dämmerung beginnenden Aktivitätszeit der Art zuzuschreiben ist. So kann man im Terrarium häufig feststellen, dass die Tiere abends einen tagsüber angestrahlten Stein aufsuchen, um dessen Restwärme aufzunehmen. Hierzu suchen sie auch gerne speziell dafür hergestellte Heizsteine auf. Wollen sie solche elektrisch betriebenen

Steine verwenden, achten Sie unbedingt auf Qualität. Ich habe schon Billigprodukte gesehen, die sich derart stark aufheizen, dass sich die Leo`s daran verbrennen können.

Es ist besonders wichtig, im Terrarium für verschiedene Temperaturzonen zu sorgen. Die Tiere müssen die Möglichkeit haben, zu hohen Temperaturen in kühleren Höhlen entgehen zu können und bei Bedarf wärmere Bereiche aufzusuchen, um nicht zu sehr auszukühlen. Mehr dazu erfahren Sie im Kapitel *Pflege*.

Foto: Melanie Burkhard

Häutung

Häutung

Die Haut des Leopardgecko wächst nicht mit und muss daher alle paar Wochen, je nach Schnelligkeit des Wachstums, abgelöst werden. Bei jungen Geckos ist dies häufiger der Fall als bei ausgewachsenen Tieren.
Wer zum ersten Mal eine Häutung miterlebt wird eventuell etwas erschrecken, denn diese kündigt sich bereits einige Tage zuvor an. Dabei wird sich der Gecko öfter als nor-

mal in der Wetbox aufhalten und die oberste Hautschicht wird trüb und weißlich.

Als erstes wird die Haut an der Maulspitze aufplatzen und der Leopardgecko streift diese dann durch Reiben an rauen Gegenständen nach und nach ab. Nachdem der Kopf frei ist, versucht er die Haut über die Vorderbeine zu ziehen bzw. aufzubeißen. Anschließend zieht er mit geübter Bewegung die Vorderbeine aus der Hülle, indem er mit dem Maul die Haut festhält und die Füße herauszieht. Ist dies geschafft, packt er die Haut ein weiteres Mal und zieht sie mit einem Ruck über die Hinterbeine ab. Am Ende folgt dann nur noch der Schwanz und der Gecko hat sich von seiner alten Haut befreit.

Frei nach dem Motto „lass nichts rumliegen" frisst der Leopardgecko nach der Häutung alle Hautreste auf und verzieht sich danach oft in die feuchte Wetbox um die neue Haut mit ausreichend Feuchtigkeit zu versorgen. Trockene Hautreste im Terrarium findet man immer wieder einmal - das ist kein Problem. Offensichtlich herausgewürgte Hautreste allerdings können auf schwerwiegende Erkrankungen hinweisen - in diesem Fall ist der Tierarzt aufzusuchen.

Häutungsprobleme

Manchmal klappt diese Häutung nicht so richtig und es bleiben Hautreste an der Schwanzspitze oder den Zehen zurück. Im Normalfall gehen diese Reste einige Tage später von selbst ab.

Sollten diese jedoch Extremitäten abschnüren, muss man sie unbedingt entfernen, da es sonst zum Verlust der betroffenen Körperteile kommen kann. Am besten weicht

man die Hautreste mit Wasser oder Vaseline ein. Sollte dies nicht funktionieren, kann man den Gecko in einer Schüssel mit etwas lauwarmen Wasser baden. Danach zieht man die Hautreste vorsichtig mit einer stumpfen Pinzette ab. Dabei sollten diese Reste ganz leicht abgehen - also bitte nicht zu fest daran ziehen um das Tier nicht zu verletzen.

Wichtig!

Geht der Hautrest trotz dieser Versuche nicht ab, suchen sie bitte sofort den Tierarzt auf, damit dieser den Übeltäter entfernt und somit den Verlust der abgeschnürten Gliedmaßen verhindert.

Man kann Häutungsprobleme weitestgehend vermeiden, indem man den Geckos ständig feuchte (nicht nasse!) Höhlen, sog. „Wet-Boxen" zur Verfügung stellt und für die richtige Luftfeuchtigkeit im Terrarium sorgt. Aber vorsicht: zuviel Luftfeuchtigkeit kann ebenfalls zu Häutungsproblemen führen.

Schlafen

Tagsüber befinden sich die Leo`s meist schlafend in Höhlen und Felsspalten, mit-

Foto: Manuel Tschopp

Leos schlafen für ihr Leben gerne

22

unter auch auf Heizsteinen im Freien. Als dämmerungs- und nachtaktive Tiere verlassen sie diese Verstecke meist erst in den Abendstunden.

Kotplätze

Foto: Dirk Glebe

Toilettenhäuschen meiner Gruppe. Praktisch!

Leopardgeckos haben eine für den Halter unglaublich nützliche Eigenschaft: sie richten Kotplätze ein, an denen meist mehrere, oft sogar alle Tiere der Gruppe regelmässig ihr Geschäft verrichten. Es wird oft ein Platz in einer Ecke des Terrariums gewählt, der meist an erhöhter Stelle liegt. In meinen Terrarien habe ich praktische Toilettenhäuschen aufgestellt, die jeweils aus einer leeren Kokosnusshälfte bestehen.

Hier koten alle Tiere ab und ich kann das Häuschen täglich bequem reinigen. Nur in einer Gruppe habe ich einen Bock, der sich eine andere Stelle, hoch oben auf einem quer liegenden Ast, ausgesucht hat. Er war also der einzige, der die Optik im Terrarium mit seinen Verschmutzungen beeinträchtigt hat. Ich habe das Problem gelöst, indem ich den Ast für ein paar Tage entfernte -

seit dieser Zeit benutzt auch dieser Gecko das Toilettenhäuschen.

Zum Abschluß ein Tipp: Wenn Sie eine Gruppe Leo`s übernehmen, lassen Sie sich am besten etwas Kot mitgeben - platzieren Sie diesen an der gewünschten Stelle im neuen Terrarium, dann stehen die Chancen nicht schlecht, dass die Geckos diesen Platz als „Toilette" annehmen.

Kannibalismus

Foto: Christian Zeilberger

Vorsicht: Kannibalismus macht Jungtiere zu Opfern

Ich habe länger überlegt, ob ich ein Foto zu diesem Thema überhaupt veröffentlichen soll, letztlich habe ich mich dafür entschieden, weil die Informationen hier von Autor zu Autor weit auseinander gehen und mitunter wird sogar behauptet, Leopardgeckos würden ihre Jungtiere aufgrund deren Bänderzeichnung nicht fressen.
Richtig ist: Leopardgeckos fressen alles, was sich bewegt und gerade noch irgendwie in ihren Schlund passt. Dazu gehören nun einmal auch die eigenen Nachkommen. Deshalb ist es weder empfehlenswert, ein Gelege im Terrarium zu belassen, noch dür-

fen die Schlüpflinge nach der Zeitung zu den Adultis gesetzt werden. Bitte lassen Sie sich nichts anderes einreden - das Foto auf der vorherigen Seite zeigt eindeutig, wie die Realität aussieht.

Duftstoffaufnahme

Leopardgeckos nehmen ihre Umwelt vor allem auch durch die Aufnahme von Duftstoffen wahr. Eine neue Umgebung wird genauso ausgiebig „beleckt" wie ein neuer Mitbewohner oder die Hand des Pflegers. Über die Zunge werden die Duftstoffe an

Foto: Elke Prill

Über Duftstoffe nimmt der Leo seine Umwelt wahr

das sog. „Jacobsonsche Organ" weiter geleitet, ein Geruchsorgan vieler Wirbeltiere und auch unserer Leopardgeckos.

Abwehrverhalten

Fühlen sich Leopardgeckos bedroht, stellen sie sich hoch auf alle 4 Beine und formen zum Teil sogar einen regelrchten Buckel aus, um insgesamt größer zu wirken. Sie sind zudem in der Lage, Laute von sich zu geben, die den Angreifer einschüchtern

sollen. Adulte Tiere machen hiervon kaum Gebrauch, juvenile dagegen sehr wohl. Im

Foto: Jonas Frankhauser

Angreifern gegenüber zeigt sich ein Leopardgecko gerne so groß wie möglich.

Leserbereich auf www.mypetbooks.de finden Sie ein vertontes Video, das sehr anschaulich diese Drohgebärde zeigt. Helfen all diese Maßnahmen nicht um den Feind in die Flucht zu schlagen, wagen die Leo`s oftmals die „Flucht nach vorne" und greifen selbst an.

Vergesellschaftung

Leopardgeckos können problemlos in kleinen oder auch größeren Gruppen gehalten werden, vorausgesetzt:

- das Terrarium hat eine geeignete Größe
- die Gruppe besteht aus nur einem Männchen und mehreren Weibchen

Die gemeinsame Haltung mehrerer adulter Männchen ist ausgeschlossen, da diese ausgesprochen territorial agieren und ihr Revier mit allen Mitteln verteidigen. In jedem Falle würde es zu heftigen Kämpfen kommen, die i. d. R. mit dem Tod des unterlegenen Tieres enden. Im Gegensatz zur freien Wildbahn haben die Männchen im Terrarium i. d. R. nicht die Möglichkeit, sich durch Flucht zurück zu ziehen.

Mit wenigen Ausnahmen sind weibliche Leopardgeckos untereinander ausgesprochen tolerant, so dass man sie mitunter gemeinsam in einer Wetbox, einer Höhle oder Felsspalte findet. Männchen zeigen sich den weiblichen Tieren gegenüber normalerweise nicht aggressiv.

Die Vergesellschaftung mit anderen Arten dagegen ist nahezu aussichtslos. Kleinere Tiere werden sehr schnell als Futter gesehen und schlichtweg verspeist - größeren gegenüber verhalten sich die Geckos,

ich noch in keinem Fall von einer erfolgreichen Vergesellschaftung über längere Zeit gehört. Insgesamt bleibt daher nur eine Empfehlung: versuchen Sie im Interesse der Tiere nicht, Leopardgeckos mit anderen Arten gemeinsam in einem Terrarium zu halten.

Geckogruppe im Terrarium

vor allem die männlichen Tiere, wiederum ausgesprochen territorial. Hier sind Auseinandersetzungen vorprogrammiert. Es sind verschiedene Versuche bekannt, in denen die dämmerungs- und nachtaktiven Leopardgeckos mit tagaktiven Reptilien gemeinsam gehalten wurden. Wohl auch, damit das Terrarium auch tagsüber einen „belebten" Eindruck macht. Bisher habe

Adultes Weibchen bei der Häutung

Foto: S. + O. Hallen

Fotos: Dirk Glebe

25

D

Die Pflege

Leopardgeckos gehören eindeutig zu den eher einfach zu pflegenden Reptilien. Das macht sie auch so interessant für Anfänger in der Terraristik.

Auf jeden Fall sollte man sich aber mit ihren Ansprüchen vertraut machen, bevor man eine Gruppe Leo`s nach Hause holt.

Auf was es zu achten gilt, erfahren Sie in diesem Kapitel.

Foto: Maik Grabmeier

Zutrauliche Leopardgeckos erleichtern den Umgang erheblich

Vor dem Kauf

Erst die Technik, dann die Tiere!
Eigentlich versteht es sich von selbst, trotzdem wird gegen kaum eine Regel so oft verstoßen, wie gegen diese: bevor die Tiere erworben werden, muss das Terrarium vorhanden, fertig eingerichtet und die Technik auf einwandfreie Funktion geprüft sein.

Mehr als 20 Jahre Verantwortung!
Leo`s sind keine Eintagsfliegen. Gesunde und artgerecht gehaltene Tiere werden in Gefangenschaft locker 20 bis 25 Jahre alt. Sie sollten sich bewußt sein, dass Sie also für eine sehr lange Zeit die Verantwortung für diese Tiere haben. Sind Sie wirklich bereit dazu? Passt Ihre Lebensplanung zur Alterserwartung der Leo`s? Ist Ihre Familie mit der Anschaffung einverstanden?

Leopardgeckos sind nachtaktiv!
Damit ist klar, dass man tagsüber eigentlich immer in ein scheinbar unbewohntes Terrarium schaut. Erst mit Einbruch der Dämmerung kommt echtes Leben in ein Leo-Terra. Passt dieser Rhythmus zu Ihren Lebensgewohnheiten?

2-3 Monate Winterruhe
Etwa ab Ende November gehen Leo`s in die Winterruhe. Für Sie bedeutet das, 2-3 Monate kaum eine Bewegung in Ihrem Terrarium zu sehen. Das Licht ist aus, es wird nicht gefüttert und nur für frisches Wasser gesorgt. In dieser Zeit verlassen die Leo`s nur ausgesprochen selten ihre Verstecke. Ist es für Sie in Ordnung für 8-12 Wochen im Winter quasi inaktive Terrarien zu besitzen?

Leos brauchen Lebendfutter!
Wer Leopardgeckos anschaffen will, sollte sich darüber im Klaren sein, dass sie mit Lebendfutter (Insekten) ernährt werden müssen. Es ist also erforderlich, regelmässig Heimchen, Grillen, Heuschrecken und andere Futtertiere zu beschaffen, diese ebenfalls zu ernähren (Obst, Gemüse) und mit ihnen zu hantieren. Futterinsekten kosten Geld und machen etwas Arbeit. Nicht jeder hat ein gutes Gefühl dabei, Insekten Zuhause zu beherbergen.

Laufende Kosten
Bei der Anschaffung wird oft nur der Preis für das Terrarium und die Tiere selbst berücksichtigt, mitunter vergisst man schnell, an die laufenden Folgekosten zu denken. Neben der Ernährung muss vor allem auch an Energiekosten für Beleuchtung und Heizung gedacht werden. Je nach Größe des Terrariums kommt da schon ein gewisser Betrag zusammen.

Auswahl

Handel, Börse, Züchter?
Leopardgeckos sind populär - deshalb sind sie vielerorts im Tierhandel zu bekommen. Außerdem auf Reptilienbörsen und natürlich direkt beim Züchter. Über Kleinanzeigen kann man auch an Privatleute kommen, die ihre Tiere, warum auch immer, abgeben möchten.
Um es gleich zu sagen: überall kann man gesunde Tiere bekommen und überall kann man „auf die Nase fallen".
In jedem Falle ist es wichtig, selbst beurteilen zu können, ob Tiere offensichtlich in einem guten Zustand sind oder nicht. Tatsächlich kann aber auch ein scheinbar gesundes, agiles Tier Krankheitserreger tra-

gen, die später zu Problemen oder sogar Verlusten führen. Daher gilt es, das Risiko so weit wie möglich zu verringern, indem man sich vor dem Kauf über den Händler informiert - in Zeiten des Internet kann man schnell erfahren, wie zuverlässig diverse Anbieter sind.

Pro und Contra
Im **Zoohandel** werden verschiedenste Tierarten angeboten und -leider- ist das Wissen um die einzelnen Spezies oft recht dürftig. Die Unterbringung der Tiere entspricht in vielen Fällen nicht den natürlichen Anforderungen und die Preise sind vergleichsweise hoch. Allerdings kann man ein krankes Tier hier durchaus reklamieren. Auf **Terraristik-Börsen** gibt es ein unfassbar großes Angebot und ausgesprochen marktgerechte Preise. Man kann gleichzeitig eine Menge Zubehör günstig erwerben. Die Anbieter dort unterscheiden sich allerdings sehr stark voneinander - neben kompetenten und verantwortungsvollen Züchtern gibt es dort auch reine Händler, die die Tiere nur als Ware sehen und entsprechend mit ihnen umgehen. Leider hat man nach einem Börsenkauf (vor allem bei ausländischen Anbietern) oft keinen Ansprechpartner mehr. Beim Kauf von **Privat** kann man mitunter echte Schnäppchen machen und das Terrarium samt Zubehör gleich günstig mit erwerben. Allerdings werden hier oft Tiere angeboten, an denen der bisherige Besitzer die „Lust" verloren hat und die somit oft schon über längere Zeit nicht richtig versorgt wurden. Beratung und einen Ansprechpartner nach dem Kauf sucht man hier i. d. R. vergeblich. Wer direkt beim **Züchter** kauft, bekommt nicht nur viele sachkundige Informationen, sondern meist auch kerngesunde Tiere, bei denen

z. B. Untersuchungsergebnisse auch vorgelegt werden können. Ein verantwortungsvoller Züchter pflegt seine Tiere artgerecht und stellt auch mal eine kritische Frage nach der künftigen Unterbringung und den Kenntnissen des Interessenten. Ein Züchter ist nach dem Kauf eigentlich immer bereit, auch weitere Tipps zu geben. Besucht man ihn Zuhause, kann man sich die Zuchtanlage ansehen und sich ein eigenes Bild von dem Zustand der Tiere und des Umfeldes machen.

Gesund oder nicht?
Die nachstehende Aufstellung gibt Anhaltspunkte für den Gesundheitszustand eines Leopardgeckos, sie kann jedoch keine Garantie sein, ein absolut gesundes Tier zu bekommen. Hat der Gecko, für den Sie sich interessieren, allerdings schon eines der beschriebenen Probleme, sollten Sie von einem Kauf unbedingt Abstand nehmen. Mitleidskäufe führen nur zu Enttäuschungen. Die Übernahme kranker Tiere ist, wenn überhaupt, nur etwas für besonders erfahrene Halter!

Checkliste Gesundheit
• Die Augen müssen klar sein und dürfen weder aus den Höhlen hervortreten noch besonders tief darin liegen
• Ober- und Unterkiefer müssen symmetrisch sein. Ein Über- oder Unterbiss ist nicht in Ordnung!
• Ein gesunder Gecko hat stets eine saubere Kloake
• Die Wirbelsäule und die Beine müssen gerade gewachsen sein
• Die Beckenknochen dürfen nicht hervortreten
• Der Schwanz muß einen prallen Eindruck machen - dies zeugt von einem

gut gefüllten Fettspeicher
- Achten Sie auf Milbenbefall - kleine Tierchen auf dem Geckokörper gehören dort nicht hin
- Schauen Sie sich den Kot im Terrarium an: er muß überwiegend feste Konsistenz haben
- Reagiert ein Leopardgecko selbst auf Berührungen nicht, ist er nicht in Ordnung
- Bitten Sie den Verkäufer um die Fütterung der Tiere - wer als erster auf die Jagd geht, ist oft das stärkste Tier der Gruppe
- Achten Sie auf Häutungsreste - vor allem an den Extremitäten sollten keine zu finden sein.

Männchen oder Weibchen?

Bitte achten Sie unbedingt auf das Geschlecht! In einem Terrarium können niemals zwei Männchen gehalten werden. Bei adulten Tieren kann man das Geschlecht recht gut bestimmen, bei Jungtieren ist das nicht so leicht. Aufschluß kann mitunter die Inkubationstemperatur geben - sofern der Verkäufer diese zuverlässig angeben kann.

Rechtliches

Kein Schutzstatus

Im Gegensatz zu vielen anderen Reptilien ist der Leopardgecko nicht geschützt.
Für Besitz und Erwerb werden daher keine besonderen Unterlagen (Herkunftsnachweise) benötigt und die Haltung muß auch nicht behördlich gemeldet werden.

Quarantäne

Isolation ist wichtig!

Unter Quarantäne versteht man die befristete Isolierung von Tieren, die verdächtig sind, an bestimmten Infektionskrankheiten erkrankt oder Überträger dieser Krankheiten zu sein. Beim Neuerwerb von Reptilien ist die Quarantäne überdies zum Ausschluss der Krankheitsverbreitung präventiv vorgesehen.

Immer, wirklich immer, wenn Sie einen oder mehrere Leo`s bekommen, ist eine Quarantäne angesagt. Auch, wenn Sie bisher keine Tiere hatten, die angesteckt werden könnten. Der Grund: manche Krankheitserreger befinden sich bereits seit längerem in einem betroffenen Tier, ohne das dieses Anzeichen einer Krankheit gezeigt hätte. Oft bricht die Erkrankung dann erst in Stresssituationen, wie dem Umzug zu Ihnen, aus.
In einem Quarantäneterrarium können Sie die Tiere viel besser beobachten und sollte sich ein Befall mit Krankheitserregern herausstellen, ist dieses Terra sehr viel leichter zu reinigen und desinfizieren als ein komplett und naturnah eingerichtetes Terrarium.

Die Quarantäne sollte durchaus 2-3 Monate dauern. In dieser Zeit nehmen Sie Kotproben der Tiere und lassen sie untersuchen. Bekommen Sie ein „negatives" Ergebnis (also kein Befall), können Sie die Tiere dann in das vorgesehene Terrarium setzen. Ist der Untersuchungsbefund „positiv", wurden also Krankheitserreger festgestellt, besprechen Sie bitte mit Ihrem Tierarzt, wie weiter vorgegangen werden soll.

Umgang mit Leo`s

Leos gehören ins Terrarium!
Es versteht sich von selbst, dass Reptilien allgemein und Leopardgeckos insbesondere keine Kuscheltiere sind. Sie gehören ins Terrarium und nicht etwa frei laufend in die Wohnung oder in den Garten. Beides entspricht nicht den natürlichen Lebensräumen unserer Geckos. Daher ist die Einstellung „mein Terrarium ist zwar viel zu klein, aber das macht nichts, weil ich meine Tiere mehrmals in der Woche frei laufen lasse" nicht haltbar.

Werden Leopardgeckos zahm?
Genau genommen: nein. Von Zahmheit wie bei Säugetieren kann man generell nicht sprechen. Was zu erreichen ist, ist eine gewisse Zutraulichkeit. Auch hier scheiden sich wieder sehr die Gemüter der verschiedenen Geckohalter. Während die einen ihre Tiere möglichst naturnah halten wollen, also auf jeden unnötigen Eingriff verzichten, gewöhnen andere die Leos an den Umgang mit dem Menschen.
Beide Einstellungen sind in Ordnung. Allerdings ist nicht von der Hand zu weisen, dass ein gewisser Grad an Zutraulichkeit recht praktisch ist. Muss man einen Leopardgecko einmal aus dem Terrarium nehmen, untersuchen oder aus anderen Gründen mit ihm hantieren, ist es natürlich gut, wenn er sich an die menschliche Hand gewöhnt hat und nicht gleich in Panik ausbricht, wenn man sich ihm nähert.
Deshalb ist es gut, den Tieren das Futter z. B. aus der Hand zu geben - so verbinden sie diese mit Nahrung und einem positiven Gefühl und kommen nach relativ kurzer Zeit von selbst auf die Hand geklettert. Wollen Sie Ihr Tier hoch nehmen, sorgen Sie bitte immer für einen Untergrund (z. B. die andere Hand), da Leo`s sich ansonsten sehr unwohl fühlen.

Nicht zuviel erwarten
Das Gehirn eines Leopardgeckos hat in etwa die Größe eines Streichholzkopfes. Es ist also klar, dass man diesen Tieren keine Kunststücke beibringen kann. Völlig falsch ist es natürlich auch, die Tiere für irgendetwas zu bestrafen oder mit ihnen reden zu wollen. Eine gewisse Konditionierung ist dagegen nach meiner Erfahrung möglich. Bevor meine Tiere gefüttert werden, klopfe ich einige Male kurz an die Terrarienscheibe. Schon nach kurzer Zeit haben die Geckos dieses Signal als Fütterankündigung verstanden und reagieren jetzt immer darauf. Wenn ich also meine Tiere aus irgendeinem Grund in den Vordergrund holen möchte, kann ich das mit einem Klopfen ganz leicht realisieren.

Keine Panik aufkommen lassen
Die Berührung durch den Menschen bedeutet für die Tiere immer Stress. Verzichten Sie also möglichst darauf. Sollte es aber einmal nötig sein, einen Leo aus dem Terrarium zu nehmen, fixieren Sie bitte den Körper und Nacken des Tieres. Wehrt er sich zu sehr, setzen Sie ihn wieder ab und versuchen es später noch einmal. Ein panisches Tier kann sehr leicht seinen Schwanz abwerfen.
Möchten Sie ein Tier genauer ansehen, setzen Sie es am besten in eine durchsichtige Box und betrachten es dann - das ist sehr viel entspannter für den Leo und damit auch für Sie!

Leo`s und Kinder

Leos sind kein Spielzeug.
Es versteht sich auch von selbst, dass Tiere ganz allgemein und Reptilien insbesondere kein Spielzeug sind. Für Leopardgeckos trifft dies ganz besonders zu, da sie überdies dämmerungs- und nachtaktiv sind und von daher erst aktiv werden, wenn Menschenkinder i. d. R. bereits ins Bett gehen. Wenn Sie also ein Terrarium mit Leo`s an-

schaffen wollen, weil Ihr Kind sie so süß findet oder weil es etwas zum Spielen bekommen soll, lassen Sie es bitte und besorgen etwas anderes im Spielwarengeschäft.

Andererseits ist die Pflege eines Terrariums und die Tierhaltung eine Verantwortung fördernde Maßnahme und trägt dazu bei, Kindern einen vernünftigen Umgang mit der Natur und ihnen anvertrauten Lebewesen zu erklären und nahe zu bringen. Wenn Sie also bereit sind, die Reptilien-

Legohaus. Sie sind keine Kuscheltiere und haben keinen Spaß daran, auf der Eisenbahn mitzufahren!

Foto: Vanessa Langendorf

Foto-Session im Freien

Foto: Dirk Glebe

Luca Dario findet Leo`s einfach super!

haltung Ihres Kindes mit zu tragen, genau zu beobachten und ggfs. auch komplett zu übernehmen, wenn Ihr Kind die Lust daran verloren haben soll- te, ist gegen eine Anschaffung nichts einzuwenden. Aber

auch dann bleibt es dabei: Leopardgeckos leben im Terrarium und nicht im

Freilandaufenthalt

Leopardgeckos sind dämmerungs- und nachtaktiv. Es gibt keinen Nutzen für sie, sich im Freien aufzuhalten und deshalb kann man hiervon nur abraten. Draußen lauern, auch bei Unterbringung in einem speziellen Freilandterrarium, erhebliche Gefahren durch zu hohe Luftfeuchtigkeit, schlechtes Wetter, Fressfeinde und andere Unabwägbarkeiten. Zwar sind die Leo`s ausgesprochen anpassungsfähig, so dass man eine Freilandhaltung durchaus in den wärmeren Monaten realisieren könnte, die möglichen Nachteile überwiegen aber stark, da es im Gegensatz zu anderen Reptilien keinerlei Vorteile für Leo`s gibt. Die Empfehlung, andere Reptilienarten zeitweise in einer Freilandhaltung unter zu bringen, bezieht sich vor allem auf Chamäleons und andere tagaktive Tiere, die einen hohen Lichtanspruch besonders im UV-Bereich haben und somit von der direkten Sonneneinwirkung einen echten Nutzen haben. Wie bereits gesagt, ist dies bei Leopardgeckos nicht der Fall. Gegen ein kurzes Foto-Shooting im Garten ist jedoch kaum etwas zu sagen.

Foto: André Pfeiffer

Die richtige Pflege

Aufgrund ihrer besonderen Anpassungsfähigkeit und der relativ geringen Ansprüche an besondere Lichtsituationen und klimatische Bedingungen sind Leopardgeckos vergleichsweise leicht zu pflegende Reptilien. Die nötigen Handgriffe sind schnell erledigt und mit etwas Routine pflegen Sie Ihr Terrarium ohne großen zeitlichen Aufwand.

Wichtig ist, täglich für frisches Wasser zu sorgen und die Kotplätze zu säubern. Bei dieser Gelegenheit entfernen Sie bitte auch gleich ggfs. vorhandene Futterreste. Um die natürliche Situation von Morgentau zu simulieren, sollten Sie morgens einen Bereich des Terrariums mit lauwarmem Wasser besprühen. Dazu eignet sich hervorragend eine handelsübliche Blumenspritze. Am besten erledigen Sie das, noch bevor die Beleuchtung eingeschaltet wird - oft werden Sie beobachten können, wie die Geckos Tropfen des frischen Wassers auflecken. Bitte achten Sie darauf, eventuell im Terrarium vorhandene Beleuchtungskörper nicht zu besprühen - gerade die teuren Wärmelampen nehmen eine solche Behandlung oft übel und geben ihren Dienst auf. Auch deshalb sollte das Sprühen vor Einschalten der Beleuchtung erfolgen.
Alle 3-4 Tage überprüfen Sie bitte die ▷Wetboxen und feuchten das eingebrachte ▷Substrat erforderlichenfalls nach. Auch hier eignet sich die Blumenspritze hervorragend, um Moos oder Humus wieder feucht, nicht aber nass zu bekommen.

Mit Substrat gefüllte Brutboxen lassen sich übrigens bei 1 Minute in der Mikrowelle sehr gut von Nachkommen der Futtertiere und Milben befreien.

Es versteht sich von selbst, dass Sie Ihre Tiere bei jeder erdenklichen Gelegenheit, so z. B. bei der Fütterung, genau beobachten und auf den Gesundheitszustand eines jeden Geckos achten. Sind bei der letzten Häutung Reste übrig geblieben? Machen die Tiere einen gesunden und gut genährten Eindruck? Sind sie agil und frei von irgendwelchen Verletzungen?
Zu guter Letzt achten Sie stets darauf, dass den Leopardgeckos immer ein Vorrat an Kalzium zur freien Verfügung steht - ebenso wie Wasser lässt sich dieser sehr gut in einer kleinen Schale anbieten, aus der die Tiere sich selbst bedienen.
Alle paar Wochen tauschen Sie, wenn erforderlich, verunreinigtes Bodensubstrat gegen neues aus und etwa einmal im Jahr sollte der Bodengrund komplett ausgewechselt werden. Bei dieser Gelegenheit werden dann auch die Einrichtungsgegenstände gründlich gereinigt.

Im Urlaub

Natürlich ist es wichtig, einen Menschen mit der Urlaubspflege zu betrauen, der sich wenigstens grundlegend mit Leopardgeckos auskennt und keine Scheu hat, diese Aufgabe für eine Weile zu übernehmen. Für alle Fälle lassen Sie ihm am besten auch die Kontaktdaten Ihres Tierarztes da. Eine solche Urlaubsvertretung ist übrigens für kurze Zeiträume von 1-4 Tagen nicht unbedingt erforderlich, da die Leo`s diese problemlos ohne besondere Pflegemaßnahmen überstehen. Natürlich sollten Sie bei solchen Kurzurlauben für ausreichend Wasser sorgen - ggfs. stellen Sie einfach eine oder zwei Wasserschalen zusätzlich ins Terrarium.

D

Pflegeplan

Jeden Tag:
- Morgens einen Bereich des Terrariums mit lauwarmem Wasser besprühen
- Kotplätze reinigen
- Nahrungsreste entfernen
- Trinkschalen reinigen
- Trinkwasser auffüllen

Alle 3-4 Tage:
- Tiere auf ihren Gesundheitszustand überprüfen
- Kalziumvorrat überprüfen und ggfs. auffüllen
- Wet-Box checken und ggfs. nachfeuchten
- Leo`s füttern

Alle 4-6 Wochen:
- Verunreinigtes Bodensubstrat auswechseln
- Verschmutzte Einrichtungsgegenstände reinigen

Jährlich:
- Bodensubstrat komplett auswechseln
- Terrarium und alle Einrichtungsgegenstände gründlich reinigen

Wenn der Leo ausbüchst...

Auch bei größter Vorsicht kann es passieren, dass ein Leopardgecko einmal ausbüchst und spätestens dann werden Sie feststellen, wie perfekt sich ein solch kleiner Kerl verstecken kann. Wenn Sie sicher sind, dass er sich in einem bestimmten Raum befindet, schließen Sie bitte dessen Tür, damit das Tier nicht noch woanders in der Wohnung nach Versteckmöglichkeiten sucht. Sollten Sie den Gecko nicht auf Anhieb wieder finden, schaffen Sie möglichst einen Platz, an dem er sich wohl fühlt - stellen Sie z. B. eine vertraute Wetbox auf und auch ein Schälchen mit Futtertieren (natürlich solche, die nicht selbst weglaufen - also beispielsweise besser Wachsmaden als Heimchen). Dann heißt es abwarten und aufpassen. Mit etwas Glück verspeist der Ausreißer ein paar Leckerbissen und begibt sich dann in die bereitgestellte Höhle. Geschieht dies nicht, wird Ihnen leider nichts anderes übrig bleiben, als intensiv auf die Suche zu gehen.

Das Terrarium

Wer Reptilien zuhause halten will, steht vor der Aufgabe, auf engstem Raum für einen möglichst naturnahen, artgerechten Lebensraum sorgen zu müssen.

Auch wenn die Ansprüche von Leopardgeckos vergleichsweise einfach zu erfüllen sind, so ist es doch wichtig, auf gewisse Grundparameter zu achten, was die Größe des Terrariums, die Einrichtung, sowie Beleuchtung, Wärme und Luftfeuchtigkeit betrifft.

Foto: Uta und Frank Scholl

Artgerecht eingerichtetes Terrarium mit vielen künstlichen Felsspalten

E

Standort

Um Zugluft zu vermeiden sollten Terrarien grundsätzlich nicht auf den Boden gestellt werden. Am besten eignen sich hierfür Unterschränke oder Regale wobei hier ganz besonders auf Stabilität zu achten ist.
Abhängig von der Größe kann so ein eingerichtetes Terrarium gut und gerne 100 kg wiegen.
Ebenso sollte man ein Terrarium nicht in die Nähe von Lautsprechern, dem Fernseher oder Haushaltsgeräten wie z.B einer Waschmaschine stellen, da unsere Leo`s ausgesprochen sensibel gegenüber Erschütterungen sind.
Direkte Sonneneinstrahlung kann das Terrarium in kurzer Zeit so stark aufheizen das die Tiere an Überhitzung sterben können.

Terrariengröße

Der Gesetzgeber schreibt klare Richtlinien vor wie Reptilien gehalten werden müssen. Demnach soll die Terrariengröße für ein Pärchen Leopardgeckos 4 x 3 x 2 (Länge x Tiefe x Höhe) multipliziert mit der ▷Kopf-Rumpf-Länge der Tiere betragen.
Für jedes weitere Tier werden hier 15% der Grundfläche hinzuaddiert.
Jedoch werden Leopardgeckos bei dieser geringen Terrariengröße schnell inaktiv und verlassen ihr Versteck nur noch selten. Wer sein Tier liebt sollte daher auf größere Terrarien zurückgreifen. Generell gilt: ein Terrarium ist schnell zu klein, kann aber niemals zu groß sein. Wer also Platz und (finanzielle) Mittel für ein wirklich großes Terra hat, sollte dies auch nutzen.
Die nachfolgende Aufstellung zeigt die gängigsten Terrariengrößen und deren Besatzmöglichkeit.

- 1 Tier: 80cm x 40cm x 50cm (BxHxT) Gesetzliche Mindestgröße!
- 2 Tiere: 100cm x 50cm x 50cm (BxHxT)
- 3-4 Tiere: 120cm x 50cm x 60cm (BxHxT) Ab hier auch mit Männchen
- 5-6 Tiere: 150cm x 60cm x 60cm (BxHxT)
- 7-8 Tiere: 180cm x 60cm x 80cm (BxHxT)
- 9-11 Tiere: 200cm x 60cm x 80cm (BxHxT)
- Ab 12 Tiere: 250cm x 60cm x 80cm (BxHxT)

Bauformen und Material

Bei den häufig angebotenen Terrarienmodellen unterscheidet man prinzipiell zwischen 4 Typen:

- Vollglasterrarium
- OSB- oder Holzterrarium
- Kunststoffboxen
- Aquarien

Die vielerorts zu bekommenden **Vollglasterrarien** sind für Reptilien allgemein und für unsere Leopardgeckos insbesondere sehr gut geeignet. Sie sind so konstruiert, dass ein sehr guter Luftaustausch stattfinden kann, gleichzeitig ist sichergestellt, dass weder die Bewohner, noch deren (zum Teil recht kleine) Futtertiere entweichen können. Feuchtigkeit ist kein Problem und die vielen verschiedenen Größen bieten für jeden Platz und jede Gruppengröße das geeignete Terra. Viele Anbieter erstellen auch ganz individuelle Terrarien auf Kundenwunsch. Ein Standardterrarium der Größe 100x50x50 cm kostet rund 90,00 € und ist damit sicherlich nicht unbezahlbar. Auf

Börsen und im Internet kann man oft noch günstigere Schnäppchen machen. Da ein solches Glasterrarium ein nicht zu unterschätzendes Eigengewicht hat, sollte man sich vor dem Kauf gut überlegen, wie man den Transport organisieren will. Zuhause angekommen sollte es auf jeden Fall auf eine Schutzmatte oder eine dünne Styroporplatte gestellt werden, damit es nicht zu Rissen in der Bodenplatte kommt.

OSB- oder Holzterrarien finden immer mehr Anhänger in der Terraristik, da sie vielerorts günstig zu bekommen sind (rund 50,- bis 60,- € bei einer Größe von 100x50x50 cm) und darüber hinaus sehr leicht gehandhabt werden können. So sind sie nicht so empfindlich wie Vollglasterrarien und lassen sich sehr leicht bearbeiten. Da ist schnell mal ein zusätzliches Loch für ein Kabel oder ähnliches selbst gebohrt. Bei allen Vorteilen sollte man aber nicht übersehen, dass diese Terras meist „unbehandelt" angeboten werden - sie bieten also kaum Schutz vor Feuchtigkeit und der optische Eindruck ist mit einem Vollglasterrarium nicht zu vergleichen.
Mit etwas handwerklichem Geschick lassen sich Terrarien aus ▷OSB oder anderen Holzwerkstoffen recht einfach selbst herstellen und somit perfekt auf die gewünschten Maße abstimmen. Und da unsere Leo`s ja aus eher trockenen Gebieten kommen, ist die Feuchtigkeit nicht ein so großes Problem.

Kunststoffboxen kommen vor allem in der gewerblichen Zucht vor. Sie sind leicht zu reinigen und lassen sich in sog. „Racks" perfekt organisieren. Allerdings sind sie praktisch nicht artgerecht einrurichten und auch die Licht- und Wärmezufuhr er-

folgt auf eine Weise, die nichts mit der Natur gemeinsam hat. Als Unterbringung für ▷adulte Gruppen sind diese Boxen daher kaum geeignet. Als vorübergehende Unterbringungsmöglichkeit für die Aufzucht oder auch als Quarantäne-Becken dagegen sind sie nahezu perfekt.

Aquarien werden immer wieder, vor allem in Privatofferten, zur Unterbringung von Reptilien angeboten. Bitte lassen Sie die Finger davon. Da diese Becken nur oben geöffnet sind, lässt sich der für einen guten Luftaustausch erforderliche Kamineffekt nicht realisieren. Darüber hinaus müssen Sie im Bedarfsfalle immer von oben in das Becken greifen und nähern sich somit ihren Tieren genauso wie deren Fressfeinde. Auf diese Weise wird jeder Griff in das Terrarium zu einer immensen Stressbelastung für Ihre Tiere. Fazit: Aquarien sind für die Reptilienhaltung gänzlich ungeeignet!

Aluminium-Stecksysteme sind eine hervorragende Alternative für den Terrarienbau, insbesondere auch dann, wenn man selbst Hand anlegen möchte. Mit diesem praktischen System ist schnell ein sehr ansehnliches Regal selbst gebaut, in das vorhandene Glasterrarien eingeschoben werden können. Oder man verzichtet ganz auf Glas und baut mit Hilfe der Aluminiumprofile und passender Steckverbinder sowie zur Einrichtung passender Möbelbauplatten ein optisch sehr reizvolles Holzterrarium. Aber aufgepasst: die Preise für solche Stecksysteme gehen extrem weit auseinander - es lohnt sich sehr, hier ausgiebig nach einem günstigen Anbieter zu suchen. Auf unserer Internetseite finden Sie Bezugsmöglichkeiten für von mir selbst getesteten Systemen.

E

Beleuchtung

Die Beleuchtung in Terrarien ist oft ein sehr umstrittenes Thema und bei vielen tagaktiven Reptilien ist ein hoher finanzieller und energetischer Aufwand nötig, um deren Anforderungen an eine naturnahe Beleuchtung zu realisieren. Weit weniger problematisch und damit auch deutlich günstiger sieht das bei dämmerungs- und nachtaktiven Tieren aus, zu denen auch Leopardgeckos gehören. Da sie auch in freier Wildbahn tagsüber kaum ihre Verstecke verlassen, stellen sie keine hohen Ansprüche an das Licht, sie benötigen vor allem kaum oder gar nicht das im Terrarium nur aufwendig zu produzierende UV-Spektrum. Kurzum: ein Terrarium für Leopardgeckos kann mit einer einfachen Leuchtstoffröhre beleuchtet werden. Diese ist günstig im Baumarkt zu bekommen und verbraucht auch nur vergleichsweise wenig Strom. Mit Ausnahme der Winterruhe sollte die Beleuchtungsdauer etwa 12 Stunden täglich betragen.

Warum überhaupt tagsüber beleuchten, wenn die Geckos doch ohnehin kaum zu sehen sind? Es ist wichtig, den Tieren einen annähernd natürlichen Tag-/Nachtrhythmus zu simulieren, damit sie sich wohl fühlen und ihren Aktivitäts- und Stoffwechselablauf steuern können. Wenn Sie die nötige Wärme im Terrarium über eine Heizbeleuchtung (eine Art Glühlampe) erreichen wollen, können Sie diese auch als Taglicht verwenden und somit auf eine Leuchtstoffröhre verzichten. Wie gesagt - unsere Leo`s sind in Sachen Beleuchtungsintensität nicht sehr anspruchsvoll.

Wichtig: Leopardgeckos sind hervorragende Kletterer. Es ist daher besonders wichtig, Beleuchtungs- und Heizelemente so anzubringen, dass sie diese nicht erreichen können - schmerzhafte Verbrennungen wären sonst schnell die Folge.

Moonlight (Mondlicht)

Um die Leo`s in den Abendstunden besser beobachten zu können, ist es möglich ein sog. „Mondlicht" einzubauen. Hierbei handelt es sich um blau leuchtende Glühlampen oder LEDs, die nur wenig Licht abgeben und so die Geckos nicht stören.

Heizung

Die Lufttemperatur in einem Leopardgeckoterrarium sollte tagsüber etwa 28C° betragen. Auf Wärmeinseln sollte die Temperatur mindestens 35 und maximal 40C° erreichen. Jedoch müssen jederzeit kühle Bereiche vorhanden sein wohin sich die Tiere zurückziehen können. Ideal ist die Bildung von Temperaturzonen wie die Grafik auf der nächsten Seite zeigt. Dann können die Tiere nach Belieben kühlere oder wärmere Plätze aufsuchen. Nachts sollte die Temperatur auf Zimmerwerte absinken. Diese liegen im Normalfall bei 18 - 22°C.

In der Natur kommt die Wärmestrahlung von der Sonne - also von oben. Aus diesem Grunde empfiehlt es sich, auch im Terrarium mit Wärmestrahlern zu heizen, die diese Tatsache recht gut simulieren. Die häufig angebotenen Heizmatten oder Heizkabel können zwar die nötige Wärme erzeugen - sie tun dies aber auf zur Natur gegensätzlichen Weise - nämlich von unten. Da Leo`s gerne im Bodensubstrat graben, mitunter auch, um sich kühlere Höhlenbereiche zu schaffen, ist eine solche Erwärmung alles andere als zu empfehlen - bei schlechter Verlegung ist es sogar möglich, dass sie sich an Heizkabeln verbrennen.

35-40° C 27-28° C 22-25° C

Temperaturzonen im Terrarium

Im Handel erhältliche Heizsteine, die es in verschiedenen Wattstärken gibt, können recht gut als Wärmeinseln verwendet werden. Dies ist naturnah, da sich auch im Freien Steine durch Sonneneinstrahlung erwärmen und abends von den Geckos zur Thermoregulation aufgesucht werden. Aber vorsicht: es gibt vor allem sehr preiswerte Modelle, die mitunter stark überhitzen und somit für die Geckos gefährlich werden können. Wenn Sie solche Heizelemente verwenden möchten, achten Sie auf Qualität und kontrollieren Sie immer wieder die korrekte Funktion. Meine Geckos lieben diese Wärmeplätze und deshalb befinden sich solche Elemente in jedem meiner Terrarien.

Luftfeuchtigkeit

Die Luftfeuchtigkeit spielt in einem Leopardgeckoterrarium eine entscheidende Rolle. Gemessen wird diese mit einem Hygrometer was im Handel erhältlich ist.
Die Luftfeuchte in einem Terrarium sollte am Tag etwa 40 - 60% betragen und in der Nacht durchaus noch erhöht werden. Das erreicht man am besten in den Abend- oder

Morgenstunden mit einer Sprühflasche. Inzwischen sind sich die meisten Züchter und Halter einig, dass ein Sprühen unnötig ist wenn ständig feuchte Höhlen (Wet-Boxen) angeboten werden.

Rück- und Seitenwände

Ein wichtiges Gestaltungselement in praktisch jedem Terrarium ist eine artgerecht strukturierte Rückwand. Für unsere Leo`s sollte diese vor allem viele Ebenen enthalten und mit jeder Menge künstlicher Felsspalten ausgestattet sein. So erweitern Sie den Aktionsradius für die Tiere erheblich und ermöglichen artgerechte Verhaltensweisen wie Klettern und das Hineinzwängen in enge Zwischenräume.
Der Handel bietet eine Vielzahl fertiger Rückwände an, die allerdings vergleichsweise teuer sind. Als kostensparende Möglichkeiten haben sich Selbstbauten aus Korkplatten, Holz, etc. erwiesen, vor allem aber eine Konstruktion aus Styroporplatten und Fliesenkleber. Eine Anleitung zum Selbstbau solcher Wände finden Sie weiter hinten in diesem Buch.

38

Einrichtung

Das Terrarium für eine Gruppe Leopardgeckos ist mit relativ einfachen Mitteln einzurichten, trotzdem gibt es eine Reihe von Gestaltungs- und Funktionselementen, die auf jeden Fall vorhanden sein müssen und mitunter kann die Wahl des falschen Materials verheerende Folgen haben. Dies ist insbesondere beim **Bodengrund** der Fall und hier werden auch die meisten Fehler gemacht. Immer wieder sieht man Terrarien, in denen Leo`s ihr Dasein auf leichten, instabilen, oft sandigen Böden fristen müssen. Meist aus Unkenntnis schafft man mit einfachem Sand, Torfuntergründen, Rindenstückchen, etc. einen völlig ungeeigneten Bodengrund, der für die Tiere lebensbedrohliche Folgen haben kann und mitunter sogar zu einem qualvollen Tod führt.

In der Natur leben Leo`s auf felsigen oder stark lehmhaltigen Untergründen. Ein zu weiches Substrat schädigt die Gelenke und einfacher Sand wird häufig bei der Nahrungsaufnahme versehentlich mit gefressen, was zu tödlichen Verstopfungen führen kann. Nicht selten werden Leo`s beim Graben in lockerem Sand verschüttet oder von nachrutschenden Einrichtungsgegenständen zerquetscht.

Auch wenn die Meinungen zum idealen Bodengrund nach wie vor auseinander gehen, ist eines klar: Leopardgeckos benötigen einen eher festen, aber dennoch grabfähigen Untergrund um sich artgerecht bewegen und verhalten zu können. Ich verwende seit langer Zeit ein Gemisch aus Spielsand (Spezialsand ist wirklich nicht notwendig!) und Lehmpulver, im Verhältnis 5:2 vermengt. Den Sand kaufe ich in 25kg Säcken im Baumarkt (etwa 2,- €/Sack). Der große Vorteil daran: dieser Sand ist schon leicht feucht und kann sofort mit dem Lehmpulver vermischt werden, ohne dass weiteres Wasser hinzugefügt werden muß. Das so hergestellte Substrat fülle ich 5-10cm dick in das Terrarium ein und lasse es trocknen, bevor die Tiere einziehen - diese finden dann einen festen Untergrund vor, in dem sie trotzdem perfekt eigene Höhlen graben können. Das Lehmpulver gibt es günstig im Internet zu kaufen, aber auch bei Töpfereien und im Naturbaustoffhandel.

In keinen Terrarium für Leopardgeckos darf eine sog. „**Wet-Box**" fehlen. Dabei handelt es sich um eine feuchte Höhle, die man im Handel erwerben, aber auch ganz einfach selbst bauen kann. Eine Anleitung dazu finden Sie weiter hinten im Buch. Die Wet-Box nutzen die Tiere zum einen für die Eiablage, aber auch während der Häutung und zwischendurch, wenn sie einfach einen kühleren, leicht feuchten Ort suchen. Die Box wird mit einem Substrat gefüllt, welches Feuchtigkeit gut speichert, ohne dabei zu schimmeln. Wie so oft, gehen auch hier die Meinungen auseinander, welches das beste Material ist - man kann spezielles Moos oder auch Kokos-Humus verwenden. Ich selbst bevorzuge den als „Ziegel" angebotenen Kokoshumus, weil er leicht zu handhaben ist und ich noch nie ein Problem damit hatte. Das für Brutboxen hervorragend geeignete Vermiculite allerdings hat in einer Wet-Box nichts zu suchen. Es kommt vor, dass die Tiere dieses beim Fressen aufnehmen, was zu schweren Erkrankungen und sogar zum Tod führen kann. In meinen Terrarien verwende ich selbst gebaute (s. Bauanleitung im Buchanhang) und auch käuflich erworbene Wet-Boxen. Beide Systeme sind einfach, funktionieren gut und lassen sich perfekt in das Terrarium integrieren. Als weitere Hilfe bei der

E

Häutung sind raue (nicht scharfkantige!) Einrichtungsgegenstände wie Äste, Steine, Korkröhren, etc. sehr nützlich.

Versteckmöglichkeiten sind für Leopardgeckos besonders wichtig, da sie tagsüber sehr gerne geschützt in Spalten und Höhlen dösen, bevor sie mit Einbruch der Dämmerung auf Streifzüge und die Jagd gehen. Als Unterschlupf dienen strukturierte Rückwände mit eingearbeiteten Felsspalten, übereinandergelegte Steinplatten, die sicher miteinander verbunden werden müssen (Heißkleber), Korkröhren oder auch diverse käufliche Produkte. Letztere sind nicht gerade billig, vielfach aber perfekt auf die Bedürfnisse der Tiere abgestimmt. In meinen Terrarien habe ich einen gesunden Mix aus gekauften und selbst hergestellten Verstecken für meine Tiere. Bei den gekauften Artikeln gefällt mir besonders ein Produkt der Firma Exo Terra gut: Reptile Den. Die Reptilienhöhle ermöglicht eine einfache Beobachtung der Reptilien und Amphibien, während sie sich in ihrem Versteck- und Schlafplatz befinden, ohne das Terrarium zu öffnen und die Tiere zu stören. Das Ausgraben von Tieren durch Entfernen des Substrats und der Terrariumdekoration ist ein unterschätzter Stressfaktor,

der damit vollständig eliminiert wird. Die Fels-Abdeckung kann von der Außenseite des Terrariums entfernt werden, um die sich verbergenden und schlafenden Tiere zu beobachten. Die zwei Stücke werden durch das Glas hindurch von starken Magneten zusammengehalten. Der Fels ist isoliert, um das Tunnelsystem kühler zu halten als die Umgebungstemperatur im Inneren des Terrariums. Befeuchtetes Moos oder Substrat kann innerhalb der Reptilienhöhle platziert werden, um sie feucht zu halten. Diese zweiteilige Höhle gibt es in 3 verschiedenen Größen und sie wird von den Leo`s hervorragend angenommen.

An dieser Stelle sei noch einmal darauf hingewiesen, dass Produktempfehlungen in diesem Buch ohne Wissen der Hersteller erfolgen. Somit fließen auch keine Provisionen. Hier wird einfach nur vorgestellt, was ich selbst verwende und als besonders nützlich betrachte. Es gibt auch Produkte der selben Hersteller, zu denen ich mich ausdrücklich kritisch äußere.

Trinkgefäße

Geckos benötigen täglich frisches Leitungswasser, welches sie als Tropfen nach dem Sprühen oder eben aus einem Trinkgefäß aufnehmen. Dieses Wasser muß nicht ab-

Kuddelmuddel in der Höhle
Foto: Alexa Hahn

40

gekocht werden. Im Handel gibt es eine Vielzahl angeboteter Produkte wie Wasserschalen, Wasserbrunnen und sogar elektrisch betriebene Wasserfälle. Ganz zu Beginn war ich fasziniert von den Wasserfällen eines bedeutenden Zubehörherstellers und habe mir gleich ein solches, recht kostspieliges Teil zugelegt. Die Ernüchterung kam schnell, denn das Wasser „schlägt" nach kurzer Zeit um und wird auch schnell durch hinein gefallene Futtertiere verunreinigt. Aufgrund der Größe und der Verkabelung sind diese Geräte nur aufwendig und damit schwer zu reinigen. Aus diesem Grunde verzichte ich auch auf Brunnen. Nach meiner Erfahrung ist eine einfache Wasserschale, die ich täglich reinige und mit frischem Wasser befülle, die beste Wahl. Anfangs habe ich noch die teuren Produkte aus dem Zubehörhandel verwendet, inzwischen benutze ich kleine Blumentopf-Untersetzer, die es für unter einem Euro im Bau- und Pflanzenmarkt gibt.

Futterschalen + Zubehör

Die allermeisten Futtertiere sind so agil, dass man sie gar nicht erst in eine solche Schale setzen sollte - innerhalb weniger Sekunden sind sie weg. Ausnahme: Maden und Larven des Mehlkäfers - diese kann man recht gut in einer Futterschale anbieten. Nach meiner Erfahrung genügen aber auch hier die bereits erwähnten Blumentopf-Untersetzer, die nur einen Bruchteil der ansonsten angebotenen Futterschalen kosten. Ein Hersteller bietet übrigens einen ferngesteuerten Vibrationsteller für Totfutter an. Das Gerät ist nicht nur relativ teuer, sondern auch alles andere als artgerecht. Zwar wird den Tieren die Bewegung des toten Trockenfutters vorgegaukelt ... aber gerade das natürliche Jagdverhalten

unserer Leo`s gehört ja mit zu den interessantesten Beobachtungen im Terrarium. Hier zeigt sich wieder sehr deutlich, dass die verschiedenen Hersteller neben wirklich nützlichen Dingen auch gegenteiliges anbieten. Für ausgesprochen nützlich halte ich eine Futterpinzette. Diese besonders langen und vorne weich gepolsterten (!) Pinzetten erlauben es, Futtertiere gezielt den einzelnen Leo`s anzubieten. Auf diese Weise kann ich sicher gehen, dass jedes Tier im Terrarium eine Grundration bekommen hat. Weitere Futterinsekten setze ich dann frei ins Terra, damit die Geckos auch etwas zum Jagen haben.

Pflanzen

Um es deutlich zu sagen: Leopardgeckos benötigen keine Pflanzen im Terrarium. Es bleibt also ganz allein Ihren persönlichen Vorlieben belassen, ob Sie lebende oder künstliche Pflanzen ins Terrarium einbringen möchten oder nicht. Für das menschliche Empfinden mag das eine oder andere Grünzeug ein willkommener Blickfang sein, ich selbst neige auch dazu ein paar Pflanzen in jedes meiner Terrarien zu setzen. Bitte setzen Sie lebende Pflanzen nicht direkt in das Bodensubstrat Ihres Terrariums sondern belassen sie diese in den Umtöpfen - das erleichtert das Handling ungemein und lässt auch schneller mal etwas auswechseln, falls eine Pflanze nicht überlebt. Und denken Sie an die recht hohen Temperaturen in den verschiedenen Terrarien-Bereichen - die eingesetzten Pflanzen brauchen eine tägliche Pflege. Wer das scheut, kann auf künstliche Nachbildungen zurück greifen, die mittlerweile naturnah gestaltet sind. Auch Tillandsien eignen sich sehr gut und deren Pflege ist durch das tägliche Sprühen bereits erledigt.

Stromkosten

Häufig werde ich gefragt, welche Kosten die Haltung von Leopardgeckos denn mit sich bringt, insbesondere, wie hoch die Aufwendungen für Strom sind. Da es hier sehr viele Falschinformationen gibt, habe ich nachstehend einige Beispielrechnungen für Sie ausgearbeitet. Alle basieren auf einem Strompreis von -,20 €/kWh, was zur Drucklegung dieses Buches (Januar 2012 ein gängiger Wert ist. Wer es tagesaktuell haben möchte, kann den kostenlosen Stromkostenrechner verwenden, der über unsere Website www.reptibooks.de erreichbar ist. Dort können Sie auch ganz einfach eine komplette Übersicht für Ihr individuelles Terrarium erstellen lassen.

Wie hoch Ihre Stromkosten sind, hängt natürlich von der Größe des Terrariums, von der Umgebungstemperatur und den verwendeten Elektrogeräten ab, die zu Ihrem Terrarium gehören. In der nachstehenden Tabelle gehen wir von der Situation aus, dass tagsüber für 10 Stunden eine Tageslichtlampe (Leuchtstoffröhre) und ein Wärmestrahler in Betrieb sind und am Abend für 4 Stunden ein Heizstein verwendet wird, den die Leos gerne zu Beginn ihrer Aktivitätsphase verwenden, um die Thermoregulation durchzuführen. Nach meiner Erfahrung reichen die Beleuchtungsstärken und der Heizstein für ein Terrarium der gängigen Größe 100 x 50 x 50 cm. Bitte beachten Sie, dass für den Jahreswert nur 10 Monate (*) aufaddiert wurden, da ich eine Winterruhe von 8 Wochen einkalkuliert habe. Fällt diese länger aus, reduzieren sich die Kosten noch einmal etwas.

Bei normaler Ausstattung fallen also monatlich etwa 7,00 € Stromkosten an. Falls Sie ein Mondlicht oder sonstiges Zubehör zusätzlich verwenden oder andere Beleuchtungsstärken nutzen, ändern sich die Werte dementsprechend. Die nachstehende Übersicht ist also als Anhaltswert zu verstehen.

Bezeichnung	Watt	Laufzeit	€/Tag	€/Woche	€/Monat	€/Jahr*
Heizstein	10	4	0,01 €	0,06 €	0,24 €	2,40 €
Leuchtstoffröhre	18	10	0,07 €	0,50 €	2,16 €	21,60 €
Wärmestrahler	75	10	0,15 €	1,05 €	4,50€	45,00 €
Ihr Verbrauch bei 20 Cent/kWh			**0,23 €**	**1,61 €**	**6,90 €**	**69,00 €**

Krankheitserreger zuverlässig entfernen: die Desinfektion

Parasiten sind in der Tierwelt, so auch bei unseren Reptilien, allgegenwärtig und können einem Bestand schwer zu schaffen machen und zu erheblichen Verlusten führen. Das beste Mittel gegen Krankheitserreger ist, diese gar nicht erst ins Terrarium hinein zu lassen. Dazu ist es absolut notwendig, Ihre Leo`s von einem fachkundigen Tierarzt untersuchen zu lassen, mindestens jedoch eine Kotprobe an ein Speziallabor zu senden. Erst wenn zuverlässig festgestellt wurde, dass Ihre Tiere frei von Parasiten sind, sollten sie in das Terrarium einziehen.

Da nicht nur die Tiere, sondern auch Einrichtungsgegenstände Krankheitserreger „einschleppen" können, ist es wichtig, vor allem gebrauchte Dinge gründlich zu desinfizieren. Sonst landen schnell Milben oder andere Plagegeister über die neue Korkrückwand, den neuen Dekoast oder andere Gegenstände im Terra.

Haben Sie mehrere Terrarien, ist es wichtig, evtl. vorhandene Parasiten nicht von einem Terra in das nächste zu bringen. Verwenden Sie Wasserschalen, Futternäpfe, Kotlöffel, Futterpinzetten, etc. immer nur für *ein* Terrarium. Futtertiere, die im ersten Terrarium nicht gefressen wurden, dürfen nicht in ein anderes gesetzt werden. Und bevor Sie mit den Händen in ein weiteres Terrarium greifen wollen, sind diese gründlich zu waschen.

Wenn die Verhinderung nicht geklappt hat.

Wurde ein Befall festgestellt oder ist dieser nicht auszuschließen (z. B. beim Erwerb gebrauchter Terrarien und Gegenstände),

muß gründlich desinfiziert werden. Darunter versteht man Terrarien und Einrichtung so zu behandeln, daß eine Infektion der Tiere nicht mehr möglich ist. Dies bedeutet keine absolute Keimfreiheit, denn diese ist praktisch kaum zu erreichen. Dabei gibt es kein Allheilmittel. Die Art und Weise, wie desinfiziert werden sollte, hängt davon ab, welche Erreger bekämpft werden sollen und aus welchem Material die zu desinfizierenden Gegenstände sind.

Verwendung von Desinfektionsmitteln

Die übliche Methode, ein Terrarium keimarm zu machen, ist die Verwendung handelsüblicher Desinfektionsmittel. Aber auch hier ist nicht jedes Mittel für jeden Zweck geeignet. Bitte fragen Sie Ihren Tierarzt, welches Mittel er in Ihrem individuellen Fall empfiehlt.

Thermische Desinfektion

Wer nicht gerade einen Autoklaven zur Verfügung hat, kann trotzdem eine effiziente Desinfektion durch Wärme erreichen. Am einfachsten ist es, die betreffenden Gegenstände bei 100 Grad C für 1 Stunde in den Backofen zu geben. Natürlich muß dies immer unter Aufsicht geschehen, um Brände oder andere Beschädigungen auszuschließen. Sehr gut kann auch, sofern vorhanden, eine häusliche Sauna eingesetzt werden, in der man sogar das komplette Terrarium (natürlich ohne Tiere!) behandeln kann.

Vorgehensweise

Zunächst gilt es zu klären, *was* erreicht werden soll - dann, *wie* dies geschehen kann. Dabei wählt man stets die Methode, welche für die betroffenen Tiere am wenigsten belastend ist. Leider ist dies oft mit einem gewissen Aufwand verbunden.

Ganz zu Anfang steht die mechanische Reinigung. Nach der Entleerung des Terrariums wird zunächst der Bodengrund und alle sichtbaren Verschmutzungen entfernt. Rückwände und andere Einbauten werden heraus genommen. Zur Grundreinigung können neben Wasser und Schwamm auch Reinigungsmittel wie Spülmittel und Essig verwendet werden. Natürlich gilt auch hier, daß keinerlei Rückstände im Terrarium verbleiben dürfen.

Hat ein Pilz- oder Bakterienbefall vorgelegen oder soll das Terrarium nach einer Virusinfektion neu besetzt werden, können nach der allgemeinen Reinigung entsprechende Flächendesinfektionsmittel verwendet werden. Am besten beschaffen Sie sich solch ein Mittel bei Ihrem Tierarzt, der anhand des zu bekämpfenden Erregers das passende Produkt auswählt und Sie sicher auch in der Anwendung gut beraten kann.

Auch hier gilt grundsätzlich, daß keinerlei Rückstände im Terrarium verbleiben dürfen und daher ist es auch keineswegs notwendig, angeblich tierverträgliche Mittel anzuwenden. Von „harmlosen" „Terrariendesinfektionsmitteln" aus dem Zoofachgeschäft kann ich nur abzuraten, denn solche Mittel sind entweder nicht oder nur in geringem Maße wirksam, oder aber alles andere als harmlos.

Empfohlene Methoden/Mittel
Auf der Webseite www.reptilienlabor.de gibt Herr Dr. Kornelis Biron, auf dessen Ausführungen die obigen Empfehlungen beruhen, weitere wichtige Hinweise, auf welche Art und mit welchen Mitteln gezielt desinfiziert werden kann. Bitte besuchen Sie ggfs. diese Seite, um noch tiefer gehende Informationen zu bekommen.

Leos lieben enge Felsspalten
Foto: Sebastian Völker

Sie möchten sich ein Leopardgecko-Terrarium einrichten. Dann beschaffen Sie bitte mindestens die nachstehenden Dinge für den Start:

Terrarium:

- Terrarium in geeigneter Größe
- Technik (Kabel, Spot, Leuchtstoffröhre, Zeitschaltuhr,…)
- Sand- Lehmgemisch als Bodengrund
- Materialien zum Rückwandbau oder Fertigrückwand
- Wetbox
- Wasser- und Calziumschale
- Steine, Pflanzen, Kork, Wurzeln etc.

Pflege und Zubehör:

- Wasserzerstäuber
- Futterpinzette
- mind. 2 Pflanzenuntersetzer aus Ton (für Wasser + Calzium)
- Plastikbehälter
- Calziumpulver (zerriebene Sepiaschale, Calziumcitrat)
- Korvimin ZVT Reptil oder vergleichbares Mineralstoffpulver
- Substrat für die Wetbox (Kokoshumus, Sphagnummoos,..)
- Styroporbox für Tierarzttransporte oder zur Abholung
- Heatpack für längere Transporte von über 30 Minuten
- mind. 1 Faunabox(en) zur Hälterung der Futterinsekten über einen
  längeren Zeitraum als 2 Tage. (Anzahl und Größe der Boxen richtet sich nach
  der Anzahl und Größe der Insektenarten)
- Grünfutter, Weizenkleie, Wassergel, Futterschalen etc. zur Insektenversorgung

Quarantäne:

- Plastikbox, flaches Aquarium oder Terrarium mit mind. 30x40cm Grundfläche
  je Tier. Bei einer Höhe unter 25cm mit Deckel!
- Halogen-Schreibtischlampe oder Heizmatte oder Heizkabel
- Wetbox (Plastikbehälter mit Loch) + Substrat
- Je Box mind. 2 Pflanzenuntersetzer aus Ton (für Wasser + Calzium)
- halbe Toilettenpapierrollen und/oder Kokosnusshalbschalen als Verstecke
- 1 flacher Stein (unter/auf dem Wärmeplatz)
- Küchenpapier als hygienischer Bodengrund
- eventuell Styropor als Unterlage
- Kotprobenröhrchen (Tierarzt)
- Versandmaterial für die Kotproben

Die richtige Ernährung

Wer Leopardgeckos halten will, kommt um eine Ernährung mit Lebendfutter nicht herum. Dessen sollte man sich bewußt sein, *bevor* man sich für diese Reptilien entscheidet.

Wer kein Problem damit hat, Grillen, Heimchen, Larven, Heuschrecken und evtl. auch Babymäuse zu verfüttern, wird viel Freude daran haben, sich das interessante Jagdverhalten der Leo`s anzusehen - und auch die Zucht eigener Futtertiere kann ein aufregendes Nebenhobby sein.

Foto: Dirk Glebe

Adultes Leopardgecko-Weibchen „gähnt", nachdem es ein -deutlich sichtbares- Heimchen verspeisst hat.

Grundsätzliches

In ihrem natürlichen Umfeld stehen den Leopardgeckos eine ganze Fülle an Futtertieren zur Verfügung, wobei sie sich vor allem von diversen Wirbellosen, aber auch von kleineren Geckoarten und sogar kleinen Säugetieren, z. B. Mäusebabys, ernähren. Überwiegend sind es aber natürlich Insekten wie Grillen, Heimchen, Schaben, Heuschrecken, usw., die den Speiseplan der Leo`s ausmachen. Die gesamte Futtervielfalt wird man im Terrarium nicht nachstellen können, trotzdem gibt es eine ganze Reihe Futtertiere zu kaufen, mit denen man für die nötige Abwechslung sorgen kann.

Bitte beachten Sie, dass es eine ganze Zeit in Anspruch nimmt, bis die Futtertiere vom Züchter über den Groß- und letztlich den Einzelhändler zu Ihnen nach Hause gelangen. In dieser Zeit werden sie i. d. R. nicht oder nicht ausreichend ernährt. Und da die Nährwertqualität der Futtertiere stark von deren eigenem Ernährungszustand abhängt, sollte man diese noch 1-2 Tage vor der Verfütterung mit hochwertigen Nahrungsmitteln und Feuchtigkeit versorgen. Im Handel gibt es inzwischen entsprechendes Fertigfutter, bei den meisten der nachstehend aufgeführten Arten eignen sich aber auch sehr gut Fischfutter, Haferflocken, Obst, Gemüse und Salat.

Mitunter ist es recht schwierig, die flinken Heimchen oder z. B. Fliegen aus den Verkaufsbehältern in geeigneter Stückzahl ins Terrarium zu bekommen. Wenn Sie anfangs damit Probleme haben, stellen Sie die Behälter einfach für etwa 1 Stunde in den Kühlschrank - die Futterinsekten werden dadurch regelrecht „träge" und sind viel einfacher in der Handhabung. Abhängig davon, wieviele Leopardgeckos Sie halten möchten und wie gut Ihr Zoohändler ausgerüstet ist, kann es sinnvoll sein, Futtertiere selbst zu züchten. Hierzu gibt es zahlreiche Anleitungen im Internet.

Leopardgeckos sind nicht besonders wählerisch, was ihre Ernährung angeht. Da sie nicht wissen können wann das nächste Beutetier zur Verfügung steht, fressen sie in der Regel, was sie bekommen können. Dabei verschlingen sie eigentlich alles, was sie in den Schlund bekommen. Es liegt also an Ihnen, darauf zu achten, dass Futtertiere nicht zu groß sind. Als Faustregel gilt: ein Futtertier sollte nicht größer sein, als der Kopf des Leo breit ist.

Die Futtertiere

Buffalowürmer

Buffalowürmer (Getreideschimmelkäferlarven) gehören zu den kleineren Insektenlarven und werden gerne bei Jungtieren eingesetzt. Sie sind als Futtermittel gut geeignet und halten sich recht lange ohne spezielle Kühlung. Zimmertemperatur reicht zur Lagerung vollkommnen aus. Die Chitinhülle der Buffalowürmer ist sehr viel dünner als beispielsweise die der Mehlwürmer, deshalb sind Sie leichter zu verdauen. Der Getreideschimmelkäfer selbst ist ein krankheitsübertragender Schädling und meldepflichtig.

Mehlwürmer

sind die Larven des Mehlkäfers. Sie werden von den meisten Geckos gerne genommen, sind aber -wie alle Larven und Würmer- sehr fetthaltig und nur wenig nahrhaft. Im Übrigen sind es eigentlich keine „Würmer".

Zophobas werden immer gerne genommen

Foto: Manuel Tschopp

ben. Teboraupen werden bis zu 5 cm lang und ihr Entwicklungsprozess zum Falter dauert gute 6 Jahre.

Wachsmaden
Die Wachsmade, die Larvenform der Wachsmotte, ist ein Schädling, der Bienenstöcke befällt und sich von deren Waben ernährt. Die Larven sind bei Leopardgeckos äußerst beliebt, selbst scheue Tiere und Nahrungsverweigerer kann man gut damit locken. Aber Vorsicht, die Tiere werden regelrecht süchtig danach.

Zophobas
Zophobas, die Larven des großen Schwarzkäfers, sind etwas größer als die sog. „Mehlwürmer". Bei Stress können diese Tiere durch Drüsen ein übelriechendes Sekret absondern und werden dadurch oft nicht gefressen. Bei der Fütterung mit Zophobas gilt es zu beachten den Kopf der Tiere zu zerdrücken oder abzuschneiden. Die scharfen Beißwerkzeuge können den Geckos schwere innere Wunden zufügen. Ansonsten sind diese Larven genauso fetthaltig wie alle Würmer und nur als Leckerli zu empfehlen.

Teboraupen
Teboraupen gehören zu den Exoten unter den Futterinsekten und sind eigentlich als Angelköder bekannt. Dies ist bedauerlich denn sie sind als Futter gut geeignet, was nicht zuletzt an ihrem gehaltvollen Inneren und der Möglichkeit der langen und leichten Lagerung liegt.
Teboraupen sind ein wahrer Quell an wertvollen Proteinen denn sie enthalten einen hohen Anteil an wertvollem Kalzium, sie sind allerdings auch kleine Kalorienbom-

Leo`s stürzen sich auf das Lebendfutter

Foto: Dirk Glebe

Wachsmaden sind Ausbrechkünstler und müssen gut verschlossen aufbewahrt werden. Wachsmottenlarven sind noch fetthaltiger als Mehlwürmer und Zophobas und sollten nur selten verfüttert werden.

Rosenkäferlarven
Rosenkäferlarven gehören zu den absoluten Energiesnacks unter den Futterinsekten und sind hervorragend für trächtige oder kranke Tiere geeignet. Wegen dem hohen Fett- und Proteingehalt sollten sie auf keinen Fall über längere Zeit als Alleinfuttermittel eingesetzt werden. Wegen ih-

rer Größe sind sie nur für ausgewachsene Leopardgeckos geeignet. Ein junges Tier könnte beim Fressen ersticken.

Rosenkäferlarven besitzen keine Chitinhülle und werden deswegen von fast allen insektenfressenden Reptilien geschätzt, da sie besonders weich sind.

Foto: Kevin Laue

Beim Fressen werden die Augen oft verschlossen, um sie vor Verletzungen zu schützen

Schaben

Schaben gelten als ausgemachte Schädlinge denn sie leben überall und bleiben oftmals unbemerkt. Diese Schmarotzer sind jedoch auch beliebte Futtertiere. Zwei Arten haben sich für Leopardgeckos als Futterinsekten

Foto: Kerstin Fischer

Futtertierversorgung

durchgesetzt. Zum einen die Argentinische Waldschabe (Blaptica dubia) und die Schokoschabe (Blatta lateralis). Erstere wird mit 6cm recht groß und kann keine glatten Wände erklimmen. Schokoschaben werden nur etwa 3cm lang und sind hervorragende Bergsteiger. Besondere Vorsicht gilt der Haltung, damit die Tiere nicht entkommen.

Heuschrecken

Heuschrecken sind tagaktiv und verstecken sich nicht im Terrarium. Für Geckos sind

sie abwechslungsreiches und interessantes Futter welches zu wilden Verfolgungsjagden motivert. Wüsten- und Wanderheuschrecken sind hier am beliebtesten.

Vorsicht! Bei größeren Heuschrecken sollte man die hinteren Beine entfernen da die Sägekante beim Fressen Verletzungen verursachen kann.

Grillen und Heimchen

Grillen und Heimchenarten bilden die Hauptnahrung für Leopardgeckos. Sie sind sehr nährstoffreich und leicht zu verfüttern. Die Steppengrille ist hierbei besonders beliebt bei Geckohaltern. Diese Grillenart springt weniger oft als Heimchen und zirpt auch nicht so laut. Ein weiterer Vorteil ist die Herkunft der Grille. Sie lebt in Mittel- und Südamerika und kann in unserem Klima nicht lange überleben geschweige denn sich fortpflanzen.

Heimchen hingegen sind unser Klima gewöhnt und können bei Entkommen schnell zur Plage werden.

Wiesenplankton

Wer in der Nähe von Wiesen und Feldern lebt kann schnell auf die Idee kommen, Futtertiere selbst zu fangen. Dabei ist aber

49

F

Foto: Christian Zeilberger

Babymäuse sind ideal für tragende Weibchen

Traditionell erfolgt dies zur Behandlung von Mangelerkrankungen sowie in Zeiten außergewöhnlicher körperlicher Belastung (Trächtigkeit, Eiablage).
Bei unseren Leopardgeckos geht es dabei vor allem um die Gabe von Kalzium und Vitaminen.

Kalzium kann sehr gut in Form zerbröselter Sepia-Schalen verabreicht werden - einfach ein Schälchen davon ins Terrarium stellen und die Geckos bedienen sich bei Bedarf selbst. Eine solche Schale gehört ununter-

zu beachten, dass ein solches Vorgehen in Europa generell verboten ist. Darüber hinaus ist nicht auszuschließen, dass solche Tiere mit Pestiziden, Schwermetallen, Würmern oder anderen Parasiten behaftet sind und damit eher nicht als Futtermittel geeignet sind. Insgesamt kann ich daher nicht empfehlen, Futtertiere selbst zu fangen.

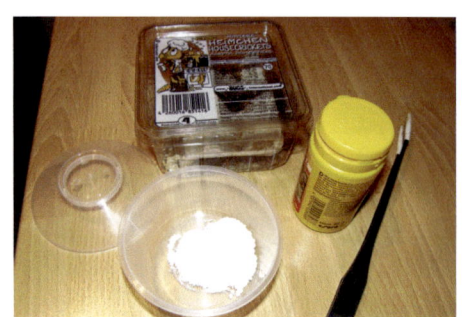

Foto: Dirk Glebe

Heimchen werden mit Vitaminpulver bestäubt

Babymäuse
Frostnager stellen ein wichtiges Futtermittel für kranke oder trächtige Tiere dar. Sie enthalten sehr viele Vitamine und Nährstoffe und werden gerne von Weibchen angenommen. Wer Mäuse nicht selbst züchten und töten will kann sie eingefroren im Handel kaufen. Bei Bedarf taut man einfach eine Maus auf und füttert diese anschließend dem Tier. Für Leopardgeckos eignen sich nur max. 2 Tage alte Mäuse, sog. „Pinkies". Alles andere ist zu groß für die Tiere.

Supplementierung
Unter Supplementation oder Supplementierung (von lateinisch supplere: „ergänzen, ersetzen") versteht man die gezielte und ergänzende Aufnahme einzelner Nährstoffe neben der gewöhnlichen Nahrung.

brochen ins Terra.
Vitamine werden meist in Form eines Pulvers (z. B. „Korvimin") verabreicht. Dazu wird etwas Pulver in ein Döschen gegeben und ein paar Futtertiere dazu gesetzt. Deckel drauf und mäßig schütteln: die Futtertiere sind jetzt „bestäubt" und können so den Geckos gegeben werden. Dies sollte etwa bei jeder 2. oder 3. Fütterung erfolgen.

50

F

Foto: Ingo Geithner

Frisches Wasser muß immer zur Verfügung stehen

wechselt. Als Wasserschale eignen sich hervorragend kleine Blumentopfuntersetzer aus Ton oder Kunststoff - diese sind auch deutlich günstiger als spezielle Schalen aus dem Zoofachhandel.

Bitte achten Sie auf jeden Fall darauf, keine zu tiefen Wasserschalen zu verwenden - es ist durchaus vorgekommen, dass Tiere darin ertrunken sind.

Foto: Marlene Neuhold

Leo`s nehmen ihr Futter problemlos auch von einer Pinzette

Trinkwasser

Leopardgeckos trinken regelmässig und es ist daher besonders wichtig, ihnen zu jeder Zeit eine mit frischem Wasser gefüllte Schale zur Verfügung zu stellen. Zwar nehmen sie auch Spritzwassertropen auf, jedoch kann das morgendliche Sprühen im Terrarium nicht garantieren, dass die Tiere ausreichend mit Wasser versorgt werden. Das Trinkwasser wird natürlich täglich ge-

Thermoregulation auf einem Heizstein
Foto: Dirk Glebe

Winterruhe

Die Winterruhe ist eine häufig unterschätzte und von ignoranten Haltern vernachlässigte natürliche Verhaltensweise unserer Leopardgeckos.

Nicht nur der Anspruch, die Lebensbedingungen so natürlich wie möglich zu gestalten, sollte uns auch die Winterruhe durchführen lassen, sondern vor allem die verhaltensbiologischen Vorteile (auch hinsichtlich der Zucht), die die Tiere daraus ziehen.

Foto: D. Rifici + T. Weber

Ein echter Prachtkerl hat sich in eine Korkröhre zurück gezogen

Winterruhe

Leopardgeckos in freier Wildbahn halten in der kälteren Jahreszeit Winterruhe um die Zeit dieser Nahrungsmittelknappheit zu überbrücken. Dabei fressen sie einige Wochen vorher nichts mehr und ziehen sich dann in frostsichere Verstecke zurück um diese Zeit im Ruhezustand zu verbringen. Sie verlassen die Verstecke selten und wenn überhaupt nur um sich kurz die Beine zu vertreten oder zu trinken.

Zur naturgetreuen und vor allem gesunden Terrarienhaltung gehört auch eine Winterruhe.

Damit diese den Tieren nicht schadet gibt es davor einige wichtige Dinge zu beachten:

- Die Tiere müssen absolut gesund sein! Dies ist leicht durch eine Kotprobenuntersuchung festzustellen.
- Der Darm der Tiere muss leer sein! Eventuelle Futter-/Kotreste können zu gären beginnen und das Tier töten.
- Es müssen für einen Zeitraum von 3-4 Monate die örtlichen Gegebenheiten vorhanden sein.
- Leopardgeckos mit kürzlich abgeworfenem Schwanz dürfen nicht überwintert werden.
- Die Tiere müssen gut genährt sein.

Sind diese Faktoren erfüllt, hört man ca. 2 Wochen bevor man die Winterruhe einleitet mit dem Füttern auf. Gleichzeitig beginnt man die Beleuchtungs- und Heizzeit auf 10 Std. täglich zu reduzieren. Danach entnimmt man die Tiere dem Terrarium und senkt die Bleuchtung + Temperatur schrittweise auf 16-18C° ab. Man kann z.B. die Boxen mit den Tieren in jeweils kältere

Foto: S. + O. Hallen

Prima Platz für die Winterruhe

Räume und am Ende in den Keller oder auf den Dachboden stellen.
Die Temperaturen dürfen nicht unter 10°C fallen!
Störungen sollte man weitestgehend vermeiden und nur das Wasser regelmäßig wechseln und den Gesundheitszustand überprüfen. Sollte sich ein Tier auffällig benehmen ist die Winterruhe sofort abzubrechen.

Ein paar Wochen vor Ende der Ruhepause stellt man die Boxen schrittweise in wärmere Räume und erhöht die Beleuchtungs- bzw. Heizzeit nach und nach bis die Ausgangstemperatur wieder erreicht ist.

Erst danach beginnt man wieder mit der Fütterung.

2-3 Wochen später beginnt dann von ganz alleine die Paarungszeit.

VideoTipp: Winterruhe

www.tiergesundheit-aktuell.de/videos/kleintiervideo-55.php

53

Farbformen

Die Farbzucht von Reptilien hat sich etabliert, da machen die Leopardgeckos keine Ausnahme. Im Gegenteil: gerade hier wird besonders intensiv an immer neuen Farbvarianten gearbeitet. Einen Teil dieser sog. „Morphe" möchte ich im Folgenden vorstellen. Bitte beachten Sie, dass eine vollständige Auflistung nicht möglich ist, zumal praktisch fortlaufend neue Zuchtergebnisse hinzu kommen.

Wildtyp
Als Wildtyp wird die ursprüngliche „normale" Form bezeichnet. Als Jungtiere zeigen sich breite schwarze Bänder auf gelbem Grund über den Rücken. Am Schwanz schwarze Bänder auf weissem Grund. Je älter sie werden umso mehr wechselt die Bänderung in Punkte.

Albino
Als Albino bezeichnet man einen Leopardgecko, der keine schwarzen Farbpigmente aufweist. Der richtige Name dafür ist amelanistisch, jedoch sagen wir heute umgangssprachlich dazu Albino.

Tremper Albino
Tremper Albinos wurden im Jahr 1996 von Ron Tremper entdekt. Die Tremper Albino Augen neigen zu einer silbernen Farbe mit roten Adern.

Rainwater Albino
Rainwater oder Las Vegas Albinos wurden von Tim Rainwater im Jahr 1998 entdeckt. Im Vergleich mit den anderen zwei Stämme von Albinos neigen Rainwaters zu mehr Rosafärbung. Wenn sie schlüpfen haben sie häufig einen gelben Körper mit rosa Bändern. Rainwaters haben auch die dunkelsten Augen der drei verschiedenen Arten von Albinos.

Bell Albino
Die Bell Albino Linie ist die jüngste der drei Leopardgecko Albino Linien und wurde von Mark Bell entdeckt. Die Augen der Bell Albinos sind hellrosa. Bell Albinos zeigen oftmals eine Lavender Färbung.

Blizzard und Patternless
Diese Formen sind komplett zeichnungslos. Das bedeutet die Leopardgeckos haben keine *Zeichnung* - sie sind aber nicht unbedingt *farblos*. Es gibt sog. „Banana-, Midnight- und Blazing Blizzards".

Banana Blizzard
Verpaarung Patternless und Blizzard in der F2 Generation, mit gelblicher Färbung.

Midnight Blizzard
Blizzard mit dunkler bis schwarzer Grundfarbe.

Blazing Blizzard
Verpaarung aus Blizzard und Albino in der F2 Generation um eine möglichst reinweiße Grundfarbe zu erzielen.

Eclipse
Als Eclipse bezeichnet man Tiere die komplett schwarze Augen besitzen, die so genannten „solid eyes". Ebenso können die Augen auch nur teilweise ausgefärbt sein, z.B. nur die Vorder- oder Rückseite. Dies wird dann als „Snake Eyes" bezeichnet.

Raptor und Aptor
Aptor ist die Abkürzung für Albino Patternless Tremper Orange. Der Raptor hat zudem noch rote Augen. Rote Augen Albino Patternless Tremper Orange.

Mack Snow und Super Snow
Das erstmals 2004 bei John Mack´s Nachzuchten aufgetretene Gen ist verantwortlich für eine stark reduzierte Ausprägung der gelben Farbe. Super Snows sind rein weiss mit schwarzen Punkten und besitzen

54

komplett schwarze Augen (Eclipse Augen).

Giant und Super Giant
Diese Geckos fallen durch ihre Größe und ihr Gewicht auf. Normale Giants wiegen zwischen 80 und 100 Gramm. Die Superform kann bis 150 Gramm schwer werden.

Enigma
Enigma bedeutet Rätsel. Dies erklärt auch die unvorhersehbaren Zeichnungen dieser Farbform. Meist besitzen Enigmas keine Zeichnung auf Kopf und Schwanz. Es ist bislang keine Superform bekannt.

High Yellow
Bedeutet ganz einfach mehr Gelbanteil. Strittig ist unter den Züchtern, ob die Beine Punkte aufweisen dürfen. Während in Deutschland dies meist verneint wird, sehen z. B. die US-Amerikaner das anders.

Hypo, Super Hypo, Super Hypo Baldy
Drei Stufen der Zeichnungsreduzierung.
Hypo: Maximal 10 schwarze Punkte auf dem Rücken.
Super Hypo: Keine schwarzen Punkte auf dem Rücken.
Super Hypo Baldy: Keine schwarzen Punkte auf dem Rücken und auf dem Kopf.

Carrottail und Carrothead
Carrottail: Schwanz mit mindestens 30% Orangeanteil.
Carrothead: Orange Kopffärbung.

Tangerine, Tangerine Tornado und Electric Tangerine
Tiere mit orangener Grundfarbe werden als Tangerines bezeichnet. Eine Steigerung sind die Tangerine Tornados. Diese Form hat eine extrem orange Grundfarbe, die bis ins rötliche geht. Erstmals bei Craig Stewart aufgetreten. Eine weitere Farbform sind die Electric Tangerines, eine den Tangerine Tornados sehr ähnliche Super Hypo Farbform. Diese wurden durch Kelli Hammack heraus-

gezüchtet.

Jungle und Aberrant
Als Jungle bezeichnet man Geckos, bei denen sich anstatt der Querbänderung ein unregelmäßiges Muster zeigt. Der Unterschied besteht darin, dass bei Tieren die eine Aberrantzeichnung haben, das Muster sich nur am Körper zeigt, wohingegen bei der Jungle Form das Muster sich bis zum Schwanz fortsetzt. Zu den Jungle Varianten gehören ebenfalls die Four-eyed und Bandit Zeichnungen. Die Four eyed Zeichnung beschreibt am Kopf zwei, wie zusätzliche Augen aussehende, Kringel. Bei der Bandit Zeichnung verläuft ein dunkler Streifen quer über die Nase der Geckos.

Striped, Broken Striped und Bold Striped
Striped bedeutet, dass der Gecko einen Streifen besitzt, der sich im Idealfall bis zur Schwanzspitze hin fortsetzt. Bei Broken Striped Geckos ist die Linie bzw. der Streifen an ein oder mehreren Stellen unterbrochen. Beim Bold Striped läuft das Muster entlang der Seiten. Es sieht dadurch wie zwei breite Streifen aus.

Designer
Unregelmäßige Kopf- und Körperzeichnung, sehr ausgefallene Zeichnungen!

Lavender
Die Querbänder sind vom bläulichen ins Lila gehende gefärbt.

Pastel
Schwach gefärbte Zeichnung mit meist weißer Kopffärbung und Lavender Querbändern.
Speckled
Fleckenzeichnung, mit sehr vielen kleinen Flecken .

Hyper Xanthic
Intensive Gelbfärbung, mit teilweise redu-

zierter Zeichnung und eventuell mit Carrottail.

Emerald/Emerine
Tangerine mit grünlich schimmernden Farbpigmenten.

Die Auflistungen der Farbformen wurde von Meike Börsteken erarbeitet und für dieses Buch zur Verfügung gestellt.

Unten habe ich Ihnen einige Farbformen mit den passenden Bezeichnungen aufgeführt. Sie sehen - die Namensgebung der verschiedenen Farb- und Zuchtformen ist ausgesprochen vielfältig. Und dabei habe ich hier nur einen kleinen Teil der aktuell bekannten Farben aufgelistet.

*Der gezeigte High Yellow gibt die durchaus umstrittene Variante mit Punkten auf den Beinen wieder. In Deutschland werden diese meist abgelehnt, in anderen Ländern dagegen nicht.

Bell Albino

Diablo Blanco

Carrottail

Tangerine Tornado

Sunglow Enigma

Dreamsicle

Bold Stripe

Eclipse

High Yellow*

Mack Super Snow Albino

Patternless

Red Stripe

56

Index

A

Aberrant 55
Abwehrverhalten 24
Albino 54
Anfängertier 6
Aptor 54
Aquarien 35
Arten 14
Auswahl 27
Autotomie 20
Axillartaschen 9

B

Babymäuse 50
Baldy 55
Banana 54
Beine 8
Beleuchtung 37
Bell Albino 54
Beschreibung 8
Blazing 54
Blizzard 54
Bodengrund 39
Bold Striped 55
Börse 27
Broken Striped 55
Buffalowürmer 47

C

Carrothead 55
Carrottail 55
Checkliste Gesundheit 28

D

Designer 55
Desinfektion 43
Duftstoffaufnahme 24

E

Eclipse 54
Einkaufsliste 45
Einrichtung 39

Electric Tangerine 55
Emerald 56
Emerine 56
Enigma 55
Ernährung 46
Eublepharis angramainyu 15
Eublepharis fuscus 15
Eublepharis hardwickii 15
Eublepharis macularius 15
Eublepharis turcmenicus 15

F

Farbformen 54
Färbung 10
Fortbewegung 12
Freilandaufenthalt 31
Fühlen 13
Füße 8
Futterschalen 41
Futtertiere 47

G

Geschlechtsunterschiede 11
Gewicht 11
Giant 55
Grillen 49
Größe 11

H

Handel 27
Hautbeschaffenheit 10
Häutung 21
Häutungsprobleme 22
Heimchen 49
Heizung 37
Heuschrecken 49
High Yellow 55
Holzterrarium 35
Hören 14
Hyper Xanthic 55
Hypo 55

I

Index 58

J

Jacobson-Organ 12
Jungle 55
Jungtier 11

K

Kannibalismus 23
Kinder 30
Kopf 8
Körper 8
Kosten 5, 27
Kotplätze 23
Krankheitserreger 43
KRL 7
Kunststoffboxen 35

L

Lautäußerungen 14
Lavender 55
Lebendfutter 27
Lebenserwartung 14
Lebensraum 16
Luftfeuchtigkeit 38
Lufttemperatur 37

M

Mack Snow 54
Mehlwürmer 47
Midnight 54
Mondlicht 37
Moonlight 37

O

Originalschwanz 9

P

Pastel 55
Patternless 54
Pflanzen 41
Pflege 26
Pflegeplan 33

Q

Quarantäne 29

R

Rainwater Albino 54
Raptor 54
Rechtliches 29
Regenerat-Schwanz 9
Rosenkäferlarven 48

S

Schaben 49
Schlafen 22
Schmecken 12
Schutzstatus 29
Schwanzabwurf 20
Sehen 12
Sinne 12
Spontankäufe 5
Standort 35
Striped 55
Stromkosten 42
Stromkostenrechner 42
Super Giant 55
Super Hypo 55
Super Snow 54
Supplementierung 50
Systematik 14

T

Tangerine 55
Teboraupen 48
Technik 27
Temperaturzonen 37
Terrariengröße 35
Terraristik-Börsen 28
Terrarium 34
Terrarium: Bauformen 35
Thermische Desinfektion 43
Thermoregulation 21
Tornado 55
Tremper Albino 54
Trinkgefäße 40
Trinkwasser 51

U

Urlaub 5, 32

V

Verantwortung 27
Verbreitung 14
Vergesellschaftung 24
Verhalten 18
Versteckmöglichkeiten 40
Vollglasterrarium 35
Vorbereitung 5
Vorüberlegungen 5
Vorwort 4

W

Wachsmaden 48
Wärmeinseln 38
Wärmeplätze 38
Wet-Box 39
Wiesenplankton 49
Wildtyp 54
Winterruhe 27, 52

Z

Zahmheit 30
Zeichnung 10
Zoohandel 28
Zophobas 48
Züchter 27